CHARLES DE HARLEZ (1832-1899)

LE YI KING

Le texte primitif, traduit par Charles de HARLEZ (1832-1899) augmenté de divers articles du même auteur publiés au Journal Asiatique

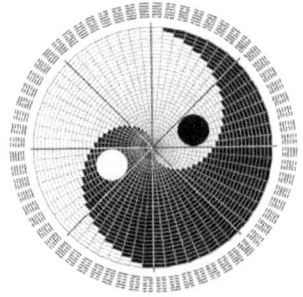

CHARLES DE HARLEZ (1832-1899)

Les quatre articles ont paru dans le Journal Asiatique, 1887, Sér. 8, T. 9, pp. 424-456. — 1891, Sér. 8, T. 17, pp. 164-170. — 1893, Série 9, T. 1, pp. 163-172. — 1896, Série 9, T. 8, pp. 177-178. Cf. Bibliothèque Gallica.

LE YI KING

PUBLIÉ PAR OMNIA VERITAS LTD

OMNIA VERITAS

www.omnia-veritas.com

TABLE DES KOUA	15
LE TEXTE ORIGINAIRE DU YIH-KING,	19
SA NATURE ET SON INTERPRÉTATION	19
LE YI-KING	51
SA NATURE ET SON INTERPRÉTATION	51
LE *YI-KING* DU VIIE SIÈCLE AVANT J.-C.	61
(LE TCHIEN-TSIU ET LE TSO-TCHUEN)	61
I	63
II	64
III	66
IV	67
V-VI	67
VII-VIII	68
Conclusion	68
LE *YI-KING* D'APRÈS LE *LÜN-YÜ*	71
LE *YI-KING* ET SA TRADUCTION EN MANDCHOU	73
LE YI – KING	77
KOUA 1	79
K'IEN : PRINCIPE ACTIF, FORCE VITALE UNIVERSELLE.	79
Commentaire I	81
Explication de l'hexagramme ; symbolisme.	81
KOUA 2	82
KWŪN : A) PRINCIPE PASSIF, RÉCEPTIF.	82
Commentaire I	84
Symbolisme	85
KOUA 3	86
T'UN ET TCHUN : A. 1. BOURGEON, POUSSE ; 2. CROISSANCE, ACTIVITÉ ;	
	86
Symbolisme	88
Commentaire I	88
KOUA 4	89

Meng : Intelligence non encore développée ; être non encore formé. 89
    Commentaire I 89
    Symbolisme 90

KOUA 5 91

Su : Arrêt forcé, empêchement, obstacle, danger. Résistance aux forces nuisibles. 91

KOUA 6 94

Song : Recours au prince, procès, affaires publiques. 94
    Symbolisme 94

KOUA 7 97

Sze : chef ; troupes, armée ; peuple, foule. 97
    Symbolisme 97

KOUA 8 100

Pî : union, harmonie, rapprochement, aide. 100

KOUA 9 103

Siao tchu : petit entretien ; éducation, correction ; arrêt. ... 103

KOUA 10 105

Li : Marcher sur, se conduire, agir, suivre un chemin. 105

KOUA 11 107

T'ai : union, pénétration ; libéralité, générosité. 107

KOUA 12 110

P'i : 1. Opposition, fermé ; 2. Nuisance, méchanceté ; 110
    Symbolisme 112

KOUA 13 113

T'ong : union, harmonie. 113
    Symbolisme 114

KOUA 14 115

- *TÁ* : GRAND, GRANDEUR, GRANDIR, DÉVELOPPEMENT. 115
  - *Symbolisme* 116

KOUA 15 117
- *K'IEN* : RESPECT, CONDESCENDANCE, BIENVEILLANCE, MODESTIE. 117

KOUA 16 119
- *YÚ* : 1. DIGNITÉ, MAJESTÉ ; 2. AISE, SATISFACTION, JOUISSANCE. 119
  - *Commentaire I* 119
  - *Symbolisme* 120

KOUA 17 121
- *SŪI* : 1. RESPECT, SOUMISSION, CONFORMITÉ À CE QUI DOIT ÊTRE ; ... 121

KOUA 18 124
- *KŪ* : DÉLIBÉRATION, EMBARRAS, TROUBLE, SOUCIS. 124

KOUA 19 126
- *LIN* : AUTORITÉ, SURINTENDANCE, FONCTION. 126
  - *Commentaire I* 126
  - *Symbolisme* 127

KOUA 20 128
- *KWÈN* : 1. REGARDER, CONTEMPLER, REGARD ; 128
  - *SYMBOLISME* 129

KOUA 21 131
- *SHIH HOK* : 1. BAVARDAGE MORDANT, MÉCHANT ; 2. *HOK* : MORDRE, MÂCHER 131
  - *SYMBOLISME* 131

KOUA 22 133
- *PI* : 1. ÉCLAT, RAYON, ORNER ; 2. EXERCER, RENDRE FORT 133
  - *Commentaire I* 133
  - *Symbolisme* 134

KOUA 23 135
- *POH* : OPPRIMER, RENVERSER, TRAITER DUREMENT. 135

KOUA 24 138

Fū : RÉPARATION, CORRECTION, AMENDEMENT, RETOUR À L'ÉTAT ORIGINAIRE. 138

KOUA 25 141

Wu wāng : SANS BLÂME, IRRÉPROCHABLE, HONNÊTE. 141
Commentaire I 142
Symbolisme 142

KOUA 26 143

Tá tchu : 1. GRAND ENTRETIEN ; 2. DOMPTER, CONDUIRE. 143

KOUA 27 145

Ī : 1. ENTRETENIR, SOUTENIR ; 145
Symbolisme 147

KOUA 28 148

Tá kvoh : 1. GRAND EXCÈS, DÉFAUT, MANQUEMENT ; 2. TRAVERSER, DÉPASSER. 148
Symbolisme 150

KOUA 29 151

K'ān : DANGER, PRÉCIPICE, CAVERNE. 151
Commentaire I 151
Symbolisme 152

KOUA 30 154

Lī : ÉCLAT, BRILLANT, BEL EXTÉRIEUR, SUCCÈS. 154
Symbolisme 156

KOUA 31 157

K'an et hiēn : 1. RÉUNIR, ACCORDER, ENSEMBLE ; 157
Symbolisme 157
Commentaire I 158

KOUA 32 160

Hāng : 1. CONSTANCE, PERMANENCE, STABILITÉ ; 160

Symbolisme *160*
Commentaire I *161*

KOUA 33 .... **163**

T'ÚN : 1. RETRAITE, OBSCURITÉ ; 2. RETIRER. 163

KOUA 34 .... **165**

TÁ TCHUÁNG : GRANDE FORCE. 165
Commentaire I *165*
Symbolisme *166*

KOUA 35 .... **167**

TS'IN : AVANCER, CROÎTRE, GRANDIR. 167
Commentaire I *167*
Symbolisme *168*
Symbolisme *169*

KOUA 36 .... **170**

MĪNG Í : 1. LUMIÈRE BLESSÉE, FAIBLISSANTE, ENTRANT SOUS LA TERRE ;
.... 170
Commentaire I *170*
SYMBOLISME 171

KOUA 37 .... **173**

KIĀ : FAMILLE, MAISON. 173
Commentaire I *173*
Symbolisme *173*

KOUA 38 .... **175**

KWÈI : 1. DIFFÉRENT, OPPOSÉ, ÉLOIGNÉ, ÉTRANGE ; 2. REGARDER
FIXEMENT... 175
Symbolisme *175*
Commentaire I *177*

KOUA 39 .... **178**

KIÉN : DIFFICULTÉ, DANGER, NOBLE HARDIESSE. 178
Symbolisme *178*
Commentaire I *178*

KOUA 40 .... **180**

KIEH : 1. DÉLIVRER, FAIRE ÉCHAPPER, ÉCHAPPER AU DANGER ; 180
Texte et Commentaire I 180
Symbolisme 181

KOUA 41 .... **183**

SÙN : DIMINUER, ABAISSER, RÉPRIMER. 183
Commentaire I 183
Symbolisme 185

KOUA 42 .... **186**

YĪ : AUGMENTER, AGRANDIR, ENRICHIR, S'ÉLEVER, GRANDIR. 186
Commentaire I 186
Symbolisme 187

KOUA 43 .... **188**

KWĀI : 1. RIVIÈRE DIVISÉE EN BRANCHES ; DIVISER, COUPER, DISPERSER ;
.... 188
Commentaire I 188
Symbolisme 190

KOUA 44 .... **191**

KEÚ : ÉPOUSER, ACCOUPLER ; UNIR, ATTACHER ; RENCONTRER INOPINÉMENT. 191
Commentaire I 191
Symbolisme 193

KOUA 45 .... **194**

TS'UI : RÉUNION, AGRÉGATION ; 194
Commentaire I 194
Symbolisme 195

KOUA 46 .... **197**

SHĀNG : MONTER, S'ÉLEVER, PROSPÉRER, GRANDIR. 197
Commentaire I 197
Symbolisme 197

KOUA 47 .... **199**

K'UÁN : DÉTRESSE, ABATTEMENT, DURETÉ, SÉVÉRITÉ, MAUVAIS TRAITEMENTS.. 199
   Commentaire I.. *199*
   Symbolisme *200*

KOUA 48 202

TSING : PUITS... 202
   Commentaire I.. *202*
   Symbolisme *202*

KOUA 49 204

KOH : 1. PEAU, CUIR, TANNER, ÉCORCHER ; 2. CHANGER, DIFFÉRER. . 204
   Commentaire I.. *204*
   Symbolisme *205*

KOUA 50 207

T'ING : CHAUDRON À TROIS PIEDS, VASE DU SACRIFICE, SACRIFICE...... 207
   Commentaire I.. *207*
   Symbolisme *209*

KOUA 51 210

KÁN : TONNERRE, EFFROI RÉPANDU, CRAINTE. 210
   Commentaire I.. *210*
   Symbolisme *212*

KOUA 52 213

KÁN : FERME, TENIR DROIT, BIEN RÉGLÉ, ARRÊTER, REPOSER. 213
   Commentaire... *213*
   Symbolisme *214*

KOUA 53 216

TSIÉN : AVANCEMENT, PROGRÈS, GRADUELLEMENT, ALLER PAS À PAS ; 216
   Commentaire I.. *216*
   Symbolisme *217*

KOUA 54 219

KVÊI-MEI : MARIER UNE JEUNE SŒUR, UNE JEUNE FILLE. 219

Commentaire I 219
Symbolisme 221

KOUA 55 222

FÂNG : 1. ABONDANCE, RICHESSE, GRAND NOMBRE D'AMIS ; 222
Commentaire I 222
Commentaire I 224
Symbolisme 224

KOUA 56 225

LU : VOYAGEUR, HÔTE, ÉTRANGER, LOGER ; BON ARRANGEMENT. 225
Commentaire I 226
Symbolisme 226

KOUA 57 227

SÚN : DOUX, CONDESCENDANT ; CHOISIR ; TENIR FERMEMENT. 227
Commentaire I 227
Symbolisme 229

KOUA 58 230

TÚI : SATISFACTION, RÉJOUIR (LES AUTRES). 230
Symbolisme 231

KOUA 59 232

HWÁN : EXTENSION, EXPOSITION, DÉVELOPPEMENT, ... 232
Commentaire I 232
Symbolisme 234

KOUA 60 235

TSIEH : RÈGLE, LOI, MESURE. 235
Commentaire I 235
Symbolisme 237

KOUA 61 238

TCHŌNG : JUSTE MILIEU, VERTU, DROITURE, SINCÉRITÉ, ... 238
Commentaire I 240
Commentaire II 240

KOUA 62 241

SIAŌ KOUOH : (PETIT, PEU, OU DES PETITS), AVANCEMENT,
MANQUEMENT, ...241
   Commentaire I *241*
   Symbolisme *242*

KOUA 63 244

TCHI-TZI : TRAVERSÉE ACHEVÉE, ACHÈVEMENT, SUCCÈS, MOYEN
D'ACHEVER, COMPLÉTER. 244
   Commentaire I *246*
   Symbolisme *246*

KOUA 64 247

WEI-TZI : TRAVERSÉE NON ACHEVÉE, ŒUVRE NON ACHEVÉE, ...247
   Symbolisme *247*

Traduction Ch. De Harlez

TABLE DES KOUA

K'ien 1	Kwūn 2	T'un 3	Meng 4
Su 5	Song 6	Sze 7	Pî 8
Siao tchu 9	Li 10	T'ai 11	P'î 12
T'ong 13	Ta 14	K'ien 15	Yù 16
Sui 17	Kù 18	Lin 19	Kwèn 20
Shih hok 21	Pî 22	Poh 23	Fû 24

Wu wâng 25	Tá tchu 26	I 27	Tá kvoh 28
K'ân 29	Lî 30	K'an, hien 31	Hâng 32
T'ún 33	Tá tchuáng 34	Ts'in 35	Ming i 36
Kia 37	Kwei 38	Kién 39	Kieh 40
Sùn 41	Yî 42	Kwài 43	Keú 44
Ts'ui 45	Shâng 46	K'uán 47	Tsing 48
Koh 49	T'ing 50	Kán 51	Kán 52

Tsien 53	Kvêi Mei 54	Fâng 55	Lu 56
Sún 57	Túi 58	Hwán 59	Tsieh 60
Tchong 61	Siao kouoh 62	Tchi tzi 63	Wei tzi 64

Traduction Ch. De Harlez

LE TEXTE ORIGINAIRE DU YIH-KING,

SA NATURE ET SON INTERPRÉTATION[1]

Peu de livres ont, autant que le *Yih-king*, mis à l'épreuve la sagacité et la patience des interprètes.

Parmi les Chinois on compte par centaines les lettrés qui se sont voués à l'élucidation des mystères, des énigmes accumulés comme à plaisir dans ce monument que l'on veut faire passer pour le plus ancien du monde.

Tous ces efforts ont abouti à une variété, qu'on me permette ce mot, à un salmigondis d'explications dont on ne saurait trouver un exemple ailleurs. En un seul point seulement les interprètes sont unanimes, c'est que le *Yih-king* est à la fois un livre de divination et un trésor de richesses scientifiques. C'est un abîme dont on ne peut sonder la profondeur et dont la hauteur défie toute atteinte. Tous les principes de toutes les sciences, naturelles, ontologiques, psychologiques, morales, etc. y sont renfermés, condensés ; il ne s'agit que de savoir les y trouver. Malheureusement ces trésors sont recouverts de voiles si épais que l'on peut bien en soulever un coin, mais non les écarter ou les percer entièrement.

---

[1] Article paru au *Journal Asiatique*, avril-mai-juin 1887, pp. 424-456.

En Europe quatre savants se sont attachés à pénétrer les mystères de ce livre prodigieux ou plutôt à nous communiquer dans des traductions, ce que les Chinois en pensent et en disent. Ce sont le Père Regis, le Rév. Mac Clatchie, le professeur d'Oxford Dr James Legge, et dernièrement un Français, *M. Philastre, qui nous a donné un premier tiers de sa traduction.

Leurs interprétations toutefois ne sont point identiques et cela se comprend aisément ; toute phrase chinoise peut, en général, à cause de l'indétermination du sens de ses mots, être comprise de différentes manières. Et cette indétermination est plus grande encore dans le *Yih-king* qu'en aucun autre ouvrage. En outre, les mots chinois sont généralement susceptibles de plusieurs sens et tous les interprètes ne choisissent pas toujours le même.

Nul ne contestera, certainement, la science de nos sinologues européens qui se sont exercés au défrichement de ce terrain ingrat. Le Dr Legge spécialement a donné de ses vastes connaissances en fait de langue chinoise les preuves les plus nombreuses et les plus éclatantes. Ici encore il a traduit les textes, tels que les Chinois les conçoivent, avec une grande érudition et une intelligence remarquable. M. Philastre mérite certainement un éloge analogue. Cependant le sens qu'ils donnent au *Yih-king* est si bizarre qu'on a bien de la peine à y voir celui qu'ont voulu ses premiers auteurs. Prenons un exemple au hasard et non parmi les cas les plus singuliers.

À la section XIII il s'agit d'expliquer le sens de la figure ☰[^2].

Voici la traduction de Legge :

La première ligne représente l'union d'hommes qui viennent de sortir d'une porte. Il n'y aura pas d'erreur.

La seconde représente l'union d'hommes avec la parenté. Il y aura lieu à regrets.

La troisième indique quelqu'un qui a des armes cachées dans l'herbe épaisse et se trouve au haut d'une montagne. Il y aura heureuse fortune.

La cinquième représente des hommes unis qui d'abord crient et pleurent, puis rient.

La sixième montre des hommes unis dans un faubourg. Il n'y aura pas lieu à repentir.

Pour M. Philastre voici ce que cela signifie :

1° Mêmes hommes à la porte ; pas de culpabilité ;

2° Mêmes hommes dans la souche ; appréhension ;

3° Cacher des armes dans l'herbe épaisse ; gravir la colline élevée ; pendant trois ans ne pas commencer ;

[^2]: Six lignes superposées dont la seconde est coupée au milieu.

4° Monter sur le mur, ne pas pouvoir vaincre ; présage heureux, etc.

D'autres sections nous donneraient des choses bien plus drôles encore. Ainsi, à la section VI, nous voyons, d'après les lignes, des herbes arrachées avec la racine, un homme qui supporte les gens grossiers, qui passe les fleuves sans bateau, un riche qui appelle ses amis à son aide, un mariage, le mur d'une ville tombé dans la boue.

Souvent les explications du texte fondamental se contredisent. Ainsi à la section VI, l'un voit bonheur où l'autre voit malheur et danger, etc.

Notons encore la section XXXIII où la figure est donnée comme représentant, dans ses diverses lignes[3], un jeune officier, des oies sauvages venant boire à un ruisseau, ou courant dans la plaine, un mari qui part pour ne plus revenir, une femme stérile pendant trois ans, puis donnant le jour à un fils.

Nos plus savants sinologues européens ont transporté en latin, en anglais ou en français ces explications des lettrés de l'*Empire des Fleurs*. Leur bizarrerie, sans aucun doute, n'a pas dû leur échapper ; mais ils se sont dit : c'est du chinois et l'on ne doit point juger cela comme les produits des terres occidentales.

Il en est un, cependant, qui ne s'est point contenté de ces traditions des Fils de Han, mais qui s'est demandé s'il n'y avait pas moyen de trouver dans ces textes

---

[3] ䷠.

mystérieux quelque chose de plus raisonnable. C'est le savant professeur de l'Université de Londres, Dr A. de Lacouperie, dont des travaux paléontologiques ont ouvert une ère nouvelle à l'interprétation des vieux textes chinois[4].

Sous les apparences que lui ont donné les commentateurs et disceuastes chinois, il a su découvrir au *Yih-king*, un texte primitif très différent de ce que l'on a cru et imaginé jusqu'ici. Pour lui ce texte originaire est un composé de morceaux détachés, apportés par les tribus chinoises du centre de l'Asie, dans leurs migrations sur les bords du Hoang-ho, et formé, tant de fragments d'un vocabulaire, que de ballades et autres compositions de genres divers ; le tout à l'imitation des vocabulaires et livres accadiens. Il a donné de ses explications des exemples qui sont des plus frappants, surtout en ce qui concerne la partie lexicologique. Par là tombent toutes les bizarreries et les assemblages drôlatiques. Là où l'on cherchait des phrases, il n'y avait que des sens divers juxtaposés. En attendant que M. de Lacouperie ait pu nous donner une traduction complète d'après son système, il ne sera peut-être pas sans quelque utilité de nous occuper aussi de ce livre singulier et de chercher à percer quelque peu les ombres qui le recouvrent.

Rappelons d'abord ce dont il est composé. Nous laissons de côté les commentaires récents, dont M. Philastre donne la traduction dans son bel ouvrage, parce qu'ils n'ont rapport qu'au livre métamorphosé ;

---

[4] Voir spécialement *Journal of the R. A. S.*, 1882-1883.

nous nous en tiendrons au texte proprement dit. Celui qui constitue le fond du *Yih-king* classique est lui-même formé de trois parties distinctes :

1° Les célèbres *kouas* ou assemblage de six lignes superposées, les unes pleines et entières, les autres coupées par le milieu comme on l'a vu plus haut. Ex. ☷ ☵ ☶.

2° Une double explication dont la première partie traite de la figure dans son ensemble, tandis que la seconde s'occupe de chacune de ses lignes, à ce que l'on pense ; ou, pour parler plus sûrement, est divisée en six parties. C'est là le texte fondamental.

3° Différents appendices ou commentaires relatifs à cette explication.

De ces derniers nous n'avons point à nous inquiéter. Ils ont été composés à une époque où le *Yih-king* avait déjà pris la physionomie actuelle et se présentait aux yeux des Chinois comme le livre de divination dont ils ont cherché à pénétrer les mystères ; ils ne pourraient, en général, que nous égarer.

Du texte fondamental, la seconde partie est postérieure à la première et dépendante d'elle. Il faut donc avant tout se rendre un compte exact de ce que celle-ci peut signifier ; une fois bien appréciée elle pourra fournir la clef du reste. C'est donc d'elle seule que nous nous occuperons pour le moment.

Mais d'abord jetons un coup d'œil sur l'ensemble de cette partie fondamentale.

1. Nous y trouvons, en premier lieu 64 figures formées, comme il a été dit, de 6 lignes, pleines ou interrompues, et dont aucune n'est identique à une autre. Or ce nombre de 64 épuise toutes les combinaisons que l'on peut faire avec des groupes de cette espèce. Cela ne semble-t-il pas nous dire que nous avons affaire ici non point à une collection de fragments, épaves sauvées d'un naufrage, mais à un livre complet, à un cycle fermé, et que l'auteur de ces combinaisons n'avait pas su aller plus loin dans ses créations graphiques ? Mais nous parlerons de cela plus loin.

2. Après chaque koua se trouve un caractère de la langue ordinaire auquel on n'attribue d'autre valeur que de servir à désigner, à dénommer l'hexagramme. On dit ainsi le koua *Thung*, le koua *Ta Kouo* ; ou bien : le *Ta Kouo*, le *Kieh*, le *Ming* désignent telle chose. On n'y cherche rien de plus.

3. Enfin viennent certains mots, certaines phrases où l'on voit l'exposé des pronostics divinatoires qu'il y a à tirer de la figure expliquée en cette section. Parmi ces mots on en distingue spécialement quatre qui doivent qualifier ces pronostics et en spécifier le caractère heureux ou malheureux, comme on va le voir.

C'est dans ces deux dernières parties que se trouve la source de toutes les appréciations si bizarres que les Chinois eux-mêmes ont fait de leur livre mystérieux et que les savants, à part MM. de Lacouperie et Douglas, nous avaient transmises jusqu'à ces derniers jours, avec une fidélité parfaite. C'est ce que nous allons démontrer en peu de mots. Nous avons d'abord à nous occuper spécialement des caractères dénominatifs des kouas

(Voir ci-dessus, n° 2). S'il a été absolument impossible jusqu'ici de leur assigner un rôle et un sens raisonnables, c'est qu'on n'a pas su les prendre pour ce qu'ils sont, à notre sens, c'est-à-dire pour la traduction en chinois écrit, des hiéroglyphes employés antérieurement par l'un ou l'autre penseur, ou même par une tribu, et composés de figures de trois ou de six lignes superposées. Mais si l'on reconnaît le fait, toute difficulté tombe. Si l'on admet, par exemple, que ☷ signifie réellement terre et ☳ pousse, naissance des végétaux, cette partie du *Yih-king* devient aussi simple et claire qu'elle était, sans cela, obscure et inexplicable. Ce qui le prouve, du reste, c'est que notre supposition se vérifie dans tous les cas. Une coïncidence si merveilleuse ne peut certainement pas être l'effet du hasard. La troisième partie ne sera pas moins claire si l'on sait y reconnaître des explications, des exemples, des développements tels que les lexiques chinois sont habitués à en donner, comme ils se trouvent principalement dans les dictionnaires tartares faits en Chine[5] et si l'on renonce à y chercher un langage mystique qui aurait son expression dans chaque ligne isolée. Quant aux quatre termes servant à formuler les pronostics et dont nous avons parlé plus haut, n° 3, on les a, ce me semble, mal interprétés jusqu'ici ; et de là aussi des singularités peu intelligibles dans le cœur même du *Yih-king*. Pour les bien comprendre il faut se référer aux principes de la philosophie chinoise, comme

---

[5] C'est ainsi que *Le Miroir de la langue mandchoue* des empereurs Kang-hi et Kien-long explique les mots *niyalma* « homme » et *hoang-ti* « empereur » dans les termes suivants : homme, enfanté par le ciel, très élevé parmi les êtres vivants ; empereur, celui dont la vertu égale le ciel et la terre.

on le verra par l'interprétation du premier koua dont ces quatre mots forment toute l'explication.

C'est appuyé sur ces principes que nous allons essayer une nouvelle interprétation de la partie fondamentale des énigmes du sphinx chinois. Nous serons quelquefois obligé de nous référer aux commentaires, surtout au premier qui porte pour titre *Siáng-yuet*, ou « explication de la figure[6] ».

Nous ne reproduirons les hexagrammes que pour les premières sections. Elles donneront une idée suffisante du reste.

Commençons par le texte complet de la première section, ou explication du premier hexagramme :

1er koua (six lignes pleines) ☰ (*k'iēn*). *yuēn, hāng, li, tchāng*.

L'objet principal de cette section est donc le koua, la figure composée de six lignes pleines. La lecture de ce signe est *k'iēn*, que l'on interprète généralement par « ciel » mais dont le sens fondamental est « mouvement perpétuel, sans repos »[7]. Le caractère moderne est formé de, « puissance de la nature », et « lumière du soleil » ; mais sa forme primitive, ou *ku-wen*[8], montre les éléments en action : eau, feu, terre produisant les

---

[6] *Litt.* « la figure veut dire ».

[7] Voir Tchouen-tze-wei, I, f° 5 r°.

[8] Voir Tchouen-tze-wei, h.v.

végétaux ; *k'iēn* est cette force qui produit tout mouvement, qui engendre, puis met, maintient en mouvement tous les êtres et les conduit à leur achèvement. C'est précisément, comme nous allons le voir, ce qu'expriment les mots suivants.

En effet *yuēn, hāng, li, tchāng*, rangés dans cet ordre, sont précisément les quatre termes par lesquels la philosophie chinoise désigne toute l'existence, toute la vie, le mouvement des êtres. *Yuēn* est le commencement, l'origine ; *hāng* est le développement ; *li* est l'adaptation, la convenance, la réussite, l'affermissement ; *tchāng* est le complètement, l'achèvement, le perfectionnement.

Nous les trouvons ainsi appliqués et expliqués dans plusieurs traités de philosophie. Qu'il nous suffise pour le moment de citer Tcheou-tze, Tchou-hi, Tchen-siuen et le *Yih-king* lui-même.

Au chapitre 1, § 6, du *T'ong-shou* de Tcheou-tze nous lisons : […], c'est-à-dire : « Le principe producteur et le développement forment l'extension du réel, sa pénétration dans la substance ; l'affermissement, l'achèvement en est l'opération renouvelée, complétée. »

Tchou-hi ajoute comme explication :

Yuēn est le commencement ; *hāng* est la pénétration, le développement ; *li* est la continuation, la réussite, et *tchāng* la constitution ferme et définitive. Ce sont les quatre vertus, opérations du *k'iēn*.

Et Tcheou-tze avait dit peu auparavant (§ 3) : Les opérations différentes du *k'iēn* constituent la nature de chaque être ; (par elles) la réalité est établie et affermie (*stat*).

Tchou-hi met ces mêmes quatre termes dans le même ordre au commencement de sa *Siao-hio*, comme expression de toute la nature, de tous les actes des êtres et Tchen-Siuen les explique de la façon suivante :

« *Yuēn* est le commencement de la production des êtres ; *hāng* en est la prolongation, le développement ; *li* en est l'affermissement et *tchāng* le perfectionnement, l'achèvement » : ce qui est encore rendu plus clair et plus certain par la signification des termes mandchous correspondants. En effet, *li* est rendu par *acabun* et expliqué par *ilin* ; *tchāng* l'est par *akdun* et *s'anggan*. Et tous quatre sont dits les quatre fondements de la loi du ciel (*t'iēn tchī-tào*)[9]. Enfin le quatrième appendice du *Yih-king* lui-même nous en donne, dans ses premiers mots, la définition suivante : *yuēn* « croissance de ce qui est bon » ; *hāng* « assemblage, union des substances bonnes qui forment les êtres » ; *li* « formation conforme au principe d'ordre et de droit » ; *tchāng* « achèvement des affaires ». Ce qui revient à « commencement, formation et développement, affermissement, achèvement ».

Rien n'est plus évident, ce me semble, et il n'est guère possible de prendre les termes du *Yih-king* dans un autre sens.

---

[9] Voir *Sia hio*, Introduction, *initio*.

Nous devons donc traduire notre première section de cette manière : *k'iën* « force vitale universelle, principe de l'origine, du développement, de la constitution (de la réussite) et de l'achèvement des êtres ».

Mais si ces quatre termes sacramentels ont ce sens, ils doivent le conserver et le porter à travers tout le livre ; partout il faudra en tenir compte. Ce qui ne veut pas dire qu'ils ne puissent être pris aussi dans un sens différent ou simplement analogue à la signification principale. Cela leur arrivera parfois comme à tous les mots chinois en général, et ce sera le cas en particulier, quand ils seront rapportés aux prévisions de chance heureuse ou malheureuse, comme cela est déjà admis en principe par M. de Lacouperie dans son étude magistrale. Parfois nous devrons les éliminer purement et simplement comme des interpolations de *gettatori* postérieurs.

Ces faits une fois établis, nous pouvons continuer notre interprétation sans plus devoir nous arrêter en route. Mais reprenons la première section.

1er koua *k'iën* « force vitale universelle » : origine, développement, progrès, achèvement des êtres.

2. ☷ *k'wen* « terre, en tant que recevant l'action de la force universelle, portant et produisant ; commencement, développement, affermissement, consolidation de même nature que celle de la jument (recevant, portant et produisant) ». Le grand, en tout ce qu'il fait, ne doit point prévenir l'action des forces terrestres ; s'il le fait, il échouera ; s'il n'agit qu'après, il réussira. S'il met son avantage au-dessus de tout, il

pourra acquérir des amis d'un côté, mais il les perdra de l'autre[10]. S'il cherche la paix, la concorde, l'accord de toutes les puissances, il réussira et sera heureux[11].

3. ☷☳ *t'un* « activité, application[12] ». Les quatre termes *yuen*, etc. ne sont pas d'usage ici. En quoi que l'on fasse, (par l'activité) le succès s'établit heureusement[13].

4. *meng* « intelligence non encore développée, élève ». Pour son développement, ce n'est point au maître à chercher la jeune intelligence, c'est au jeune homme à chercher le maître. Quand on cherche à savoir quelque chose, on la demande d'abord à la divination et on la fait ainsi connaître. Quand on l'a fait deux et trois fois et qu'on n'est point écouté (on n'annonce pas réussite et achèvement) on n'enseigne plus[14].

5. *su* « Résistance aux forces nuisibles, au mal ». L'homme droit et ferme aura un brillant développement ; son achèvement sera heureux dans

---

[10] *Litt.* au S. O., au N. E.

[11] Pas n'est besoin de faire remarquer que dans cette interprétation tout concorde, tout s'explique ; toute bizarrerie ou obscurité a disparu.

[12] Comm. *tchun*.

[13] Les commentaires portent : il est utile de constituer des chefs feudataires ! *heou* étant pris dans ce sens. Si c'est le bon, ce ne peut être ici qu'une réflexion absolument indépendante du texte et insérée à tort dans celui-ci.

[14] Si le maître n'est point écouté il n'enseigne plus.

son affermissement, ses succès ; il saura traverser les grandes difficultés (*litt.* le grand fleuve)[15].

6. *song* « recours au prince, procès ». L'homme droit s'en abstiendra. La crainte modérée est bonne ; extrême, elle est mauvaise. Par la réussite se montre l'homme vraiment grand, mais on ne réussit pas toujours à traverser les difficultés[16].

7. *sze* « chef, état supérieur, achèvement ». L'homme accompli est bon, heureux ; il ne commet pas de faute (d'erreur, ou n'encourt pas de blâme).

8. *pi* « unir, rapprocher, aider », [on doit procéder d'abord par divination] chose excellente, d'un commencement heureux ; on doit l'achever sans défaillance. Si l'on ne cherche pas la paix il en adviendra ultérieurement de grands maux.

9. *siao chu* « petit entretien (entretien des petits), il développe ». C'est comme un gros nuage venant sans pluie des contrées occidentales du royaume, (il promet l'abondance).

26[17]. *ta chu* « grand entretien, affermit et achève ». On ne ruinera pas (dévorera pas) sa famille ; ce sera bon et

---

[15] Cette phrase, ou les dernier mots seulement, constitue des expressions stéréotypées, vrai hors d'œuvre ajouté tardivement.

[16] Phrase également stéréotypée, susceptible de plusieurs sens.

[17] Nous réunissons ici deux sujets analogues, bien que séparés dans le texte.

avantageux, on réussira et saura traverser des difficultés (si l'on entretient bien ses affaires, sa maison).

10. *li* « gravité, adresse ». Ex. : Savoir marcher sur la queue d'un tigre sans le faire crier ; c'est une grande chance de réussite. Cela veut dire qu'il faut marcher avec gravité, doucement.

11. *t'ai* « perméation ». Le petit va au grand, le grand au petit (la matière à la force, la terre au ciel), heureux développement des choses par la pénétration réciproque.

12. *p'i* « opposition ». Cela indique que le méchant ne réussit pas et que le sage atteint sa fin complète. Le grand se répand à l'extérieur, le petit vient à lui. (Même sens qu'à 11 ; interpolations.)

13. *t'ong* « harmonie, union ». Si elle s'étend sur tout le pays on pourra traverser les difficultés, réussir ; le sage atteindra sa perfection.

14. *ta* « grand, grandir ». Le texte est ici défectueux, il n'a que ces mots : « grand commencement et développement » ou « grand, grandeur, ayant un commencement et développement ». Ou simplement, et sans lacune : « grandir, commencement développé. »

15. *k'iēn* « respect, condescendance, bienveillance ». Si cette vertu se développe, le sage aura une heureuse fin.

16. *yu* « dignité, stabilité ». Par son affermissement, on consolide les chefs féodaux et l'on remplit convenablement les fonctions de chef d'armée.

17. *sui* « soumission, respect ». Cette vertu fait parcourir les quatre stades sans défaillance, ou erreur.

18. *kû* « délibération, réflexion avant acte ». Bien conduite et réussissant, elle fait traverser heureusement les obstacles. On doit réfléchir trois jours avant le moment (point de départ) de l'acte et trois jours après.

19. *lin* « charge, fonction ». Dans ses phases elle ne sera pas huit mois sans désagrément, sans maux d'aucune sorte.

20. *kwân* « maintien, gravité, dignité extérieure, regard, contenance, apparence de quelqu'un qui est prêt à offrir le sacrifice sans même qu'il le fasse ». Droiture, dignité, sévérité.

21. *shih ho* « bavardage piquant, mordant ». S'il se développe il produira des procès.

22. *pi*, « éclat ». Se développe, mais s'affermit peu, reste peu solide quoi que l'on fasse.

23. *poh* « traiter durement ». Ne réussit pas quoi que l'on fasse.

24. *fû* « réparation, correction ». Si dans ses rapports, ses actes, on ne commet pas d'acte offensant, les amis viendront et il ne se commettra pas de faute (ou ne failliront pas). Si l'on corrige sa conduite, allant et venant (agissant) jusqu'à sept fois par jour, on réussira dans tout ce que l'on fera.

25. *yuen wang* « principe troublé, désordre ». (En ce cas) les quatre stades de développement ne seront pas assurés, il y aura faute, erreur ; on ne réussira en rien.

26. *ta chu*. Voir plus haut après 9.

27. *î* « entretenir, soutenir ». Produit son effet heureusement. Il faut examiner comment on entretient, nourrit ; chercher soi-même pour sa bouche ce qui est bon et utile.

28. *ta kouo* « Grand excédent, défectueux ». Il sera d'un soutien faible. S'il s'affermit, ce qu'il fait pourra réussir (interpolation).

29. *tsa k'an* « s'exposer au danger (pour un autre) ». Sincérité, fidélité de cœur ; se développant, elle agit avec éclat, respect, et sait s'exposer au danger.

30. *li* « brillant, éclat, bel extérieur, succès » ; achèvement, développement comme quand on entretient bien une vache. Ce peut être aussi : « soumission, docilité, comme celle d'un animal domestique bien entretenu ».

31. *kan* « affection, émotion, cœur ému ». Développée entièrement, elle conduit à prendre femme (son plus haut point est celui de l'homme qui prend femme) ; c'est bien.

32. *san* « constance ». Se développant sans défaillance, elle arrive à sa perfection et procure de l'avantage en toute chose, tout acte.

33. *t'un* « obscurité, vie retirée ». Permet le développement, mais donne peu de succès et de perfectionnement. (Peut-être : le petit s'y affermira et s'y perfectionnera.)

34. *ta tchwang* « grande force ». Donne succès et consolidation, achèvement.

35. *tsin* « croissance de la nature sous l'action du soleil, joie et vigueur, comme celles d'un prince se servant de chevaux donnés, d'une population abondante, croissante ; plein jour ; dons multiples ».

36. *ming y* « lumière se répandant sur la terre » ; éclat, succès, mais perfection, consolidation difficiles.

37. *kia* « famille ». L'homme lui donne le succès, les avantages ; la femme la complète et consolide ; elle remplit les fonctions à l'intérieur (y possède l'autorité) ; l'homme, à l'extérieur.

38. *kwei* « apogée du soleil, opposition ». Les petites affaires réussissent ; ce n'est point le temps des grandes.

39. *kien* « difficulté, danger, noble hardiesse ». Celle-ci peut réussir d'un côté et pas de l'autre ; par son succès, se montre le grand homme ; sa perfection est chose utile et bonne, elle fait triompher des difficultés et sauve l'État.

40. *kieh* « délivrer, échapper, faire échapper au danger ». Si l'on réussit, on gagnera les gens à soi[18], on aura des rapports heureux. En tout ce que l'on fait, le zèle, l'activité sont choses excellentes et utiles.

41. *sun* « diminuer, s'abaisser, se soumettre ». Si l'on est droit, les commencements seront heureux ; si l'on ne commet pas de faute on pourra arriver au plus haut terme ; on réussira en ce que l'on fera. C'est comme d'user des vases du sacrifice ; on doit s'abaisser au moment voulu comme on vide les vases pleins[19] que l'on offre ; on fera cela avantageusement.

42. *yi* « grandir, s'élever, croître en puissance, etc. » Succès dans toutes les actions, triompher des difficultés.

43. *kwâi* « décision, réglementation ». Allant à la cour du prince, on doit y faire appel avec droiture et sincérité. En cas de querelle, de différends, on doit avertir ses gens qu'il n'y a pas avantage à recourir aux moyens personnels et violents, ni aux armes, en aucune affaire.

44. *kao* « épouser ». Si une femme est vigoureuse et hardie, il n'est point bon de la prendre pour épouse.

45. *ts'ai* » agrégation du peuple se développant, état prospère ». Le roi qui a un temple d'ancêtres (et est fidèle à leur culte) réussira[20], il paraîtra grand. Il

---

[18] D'après le commentaire qui corrige le texte.

[19] Explication du commentaire. On doit s'abaisser, se vider de soi-même devant les supérieurs, etc.

[20] Ce sont les moyens d'obtenir cet état prospère.

prospérera jusqu'au bout et consolidera sa puissance. S'il offre des victimes de qualité supérieure, il sera heureux, il réussira en tout ce qu'il fera.

46. *shang* » monter, s'élever ». Les commencements se développant, le grand homme apparaît. S'il va en avant sans souci, sans fausse inquiétude, il aura le bonheur. Comm. : le grand condescendant, vertueux, amasse les biens ; le petit s'élevant, devient grand.

47. *k'uan* « détresse, abattement (dureté, sévérité) ». Celui qui, dans le danger, ne perd pas son principe de développement et qui en détresse même est encore calme et content, c'est l'homme vraiment grand (*kiun tzè*). Mais d'abord il peut commettre quelque erreur, tomber en détresse s'il se fie à toute parole ; qu'il ne le fasse pas, car la parole est peu sûre.

48. *tsing* « puits ». On peut changer de place une ville, mais pas un puits. On ne l'acquiert pas, on ne le perd pas (il est ou il n'est pas). On y va, on en vient. S'il se dessèche, si sa corde vient à manquer, si le seau tombe au fond, ce sont autant d'accidents fâcheux. L'eau montant, le puits plein d'eau, c'est le sage qui exhorte et aide le peuple travailleur et besogneux[21].

49. *ko* « changement, amélioration ». Quand, après avoir parlé, on se montre digne de confiance, tout suit un heureux cours, et le repentir disparaît (n'a plus de raison d'être).

---

[21] Comparaison entre ces deux idées.

50. *ko* « vase à cuire (pour le sacrifice), symbole d'un principe heureux et d'un développement avantageux ». Les saints cuisaient les offrandes pour honorer Shang-ti et faisaient de grandes fêtes pour entretenir les saints et les sages.

51. *kan* « tonnerre, effroi se répandant, appréhension ». Le tonnerre survenant répand l'effroi ; par l'effroi, les rires et les causeries s'arrêtent court. Le tonnerre terrifie cent *lis*, mais ne doit pas arrêter la cuiller du sacrifice aux esprits (le sacrifice)[22].

52. *kan* « ferme ». L'homme ferme tourne le dos et s'oppose résolument, sans tenir compte de lui-même. S'il traverse un endroit, il ne regarde pas qui y est et ne faillit point.

53. *kien* « aller, suivre son chemin ; se marier, retourner chez soi pour visiter ses parents (dit d'une femme) : Événement heureux, heureux succès ».

54. *kwai* « mariage, mariage d'une jeune sœur ». Si, en y procédant, on commet quelque faute, il n'en arrivera rien d'heureux. (Peut-être n'y a-t-il ici que prévision malheureuse opposée aux prévisions contraires du paragraphe 53).

55. *tang* « abondance, richesse ». Le prince qui l'atteint doit être sans désir anxieux ; il sera comme le soleil à midi.

---

[22] Le tonnerre peut arrêter tout mais pas empêcher le sacrifice.

56. *lu* « bon arrangement ». Avec un faible commencement, le bon arrangement conduit au succès, à la consolidation, au bonheur.

57. *sun* « douceur ». Avec un faible développement même, par la douceur, la condescendance, on réussira dans ses actes et l'on se montrera vraiment grand. (On doit être) ferme et doux dans ses ordres, même réitérés ; ferme, réfléchi et condescendant dans ses actes, et garder le juste milieu.

58. *tui* « réjouir, satisfaire ». Satisfaire les autres conduit à tout achèvement. Si l'on est soumis au ciel, il sera bienveillant pour l'homme. Si on contente le peuple, il oubliera ses peines, ses misères et sera porté au bien.

59. *hvan* « extension, abondance débordant de biens, se développant heureusement ». Le prince qui fréquente le temple des ancêtres réussira et traversera les difficultés[23] ; il parviendra au sommet.

60. *tsieh* « règles, lois ». Les lois trop sévères ne peuvent se consolider et subsister. La sévérité doit tenir le juste milieu, ou sa force dépérit.

61. *tchong* « milieu, droiture ». Les vertus émeuvent jusqu'aux animaux[24] (les jeunes porcs et les poissons).

---

[23] Moyen d'obtenir cette abondance.

[24] La *Siao-Hio* nous en donne un exemple dans ce récit : « Un enfant dévoué casse la glace, au plus fort de l'hiver, pour attraper un poisson et le cuire pour sa mère. Aussitôt deux carpes sautent d'elles-mêmes par le trou. Voir *Siao-Hio*, l VI, § 28.

S'affermissant on traverse les difficultés, on arrive à la consolidation complète.

62. *siao kouo* « petite supériorité (ou des petits) ». Dans tous leurs stades de développement, les petits sont capables de petites choses et pas de grandes. C'est comme le son laissé par le passage d'un oiseau volant, il ne peut pas grandir (s'élever), mais uniquement diminuer (ou baisser)[25].

63. *ki tsi* « traversée accomplie[26], première réussite ». Si le succès suivant est faible, c'est qu'après un commencement heureux, la fin a été troublée (Comme à 64).

64. *wei tsi* « traversée non achevée, échouer ». C'est comme un jeune renard mis en péril en traversant un fleuve ; son derrière s'y plonge (par la pesanteur de sa queue) ; il ne réussit pas (à échapper).

Tels sont, ou peu s'en faut si je ne me trompe, le sens et la nature du texte fondamental du *Yih-king*, de ce premier noyau autour duquel tout le reste est venu s'amasser : une simple translation des hiéroglyphes hexagrammatiques en caractères chinois avec quelques explications comme celles des lexicographes tartarochinois. Nous pourrions même séparer ces deux choses et les considérer comme deux œuvres différentes. À ce premier texte on a d'abord ajouté, en les y insérant, des

---

[25] Suite et opposition au n° 28, p. 440.

[26] Ce mot peut avoir différents sens, nous ne les discuterons pas maintenant.

indications de présages qui n'avaient, avec lui, aucun rapport. Puis est venu le premier développement attribué à Tcheou-kong et composé d'explications, de formules divinatoires, divisées chacune en six parties en raison du nombre des lignes. Mais ce premier commentaire même n'avait point cette forme à son origine ; il rentrait entièrement dans le genre du premier, étant comme lui purement lexicologique. C'étaient ou les divers sens de mots indépendants les uns des autres, mais homonymes et rattachés ainsi par le son au mot principal que figurait l'hexagramme de la section, comme le pense M. de Lacouperie pour la plupart des cas ; ou bien aussi des explications variées, l'exposé de cas d'application, d'emploi d'un même terme ou autre chose du même genre. Je n'entreprendrai point encore la traduction de cette seconde partie du texte regardée aussi comme fondamentale. MM. de Lacouperie et Douglas y travaillent et il convient de leur laisser le champ libre. Je me bornerai à donner un ou deux exemples de ce qu'est l'explication du *Yih-king*, selon qu'on suit le système chinois ou le nôtre. Je prendrai, à cet effet, la vingtième section.

Les commentateurs chinois et les savants européens qui les suivent voient dans le commentaire sextuple du koua en question, ou de la figure ☷☴, l'explication des conceptions divinatoires que chaque ligne suggère, et cela en commençant par en bas.

« La première montre le regard d'un gamin — non blâmable pour un homme inférieur, regrettable chez un homme supérieur.

« La seconde montre quelqu'un qui lorgne, épie d'une porte. Ce serait avantageux si c'était uniquement la tenue correcte et ferme d'une femme. — La troisième montre quelqu'un qui regarde le cours de sa vie pour avancer ou reculer en conséquence. Il en est de même de la cinquième. L'homme supérieur ne tombera pas ainsi en faute. La quatrième montre quelqu'un qui contemple la gloire d'un royaume. Il sera avantageux pour lui d'être l'hôte d'un roi. La sixième enfin montre quelqu'un qui regarde son propre caractère pour voir s'il est un homme supérieur. Il ne faillira pas. »

Certes voilà bien des choses renfermées dans ces simples lignes, bien des variétés pour des traits identiques. En outre il est étonnant que la troisième et la cinquième, bien que toutes différentes, aient la même signification.

Pour nous il ne s'agit de rien de tout cela ; ou pour mieux dire il est question de ces choses mais à un tout autre point de vue. Ce que l'auteur s'est proposé, c'est d'expliquer, par des exemples, par des cas divers d'emploi, le terme représenté par le koua XX. Le premier texte nous a fait savoir que ce koua a le même sens que le caractère chinois, c'est-à-dire l'apparence extérieure, l'attitude, le maintien, la contenance, la dignité, le regard, etc.

Le texte sextuple nous met sous les yeux différentes attitudes ou manières de regarder. C'est d'abord l'attitude d'un jeune garçon, qui peut convenir à un homme inférieur, mais pas à un grand. C'est ensuite celle d'un personnage épiant d'une porte entr'ouverte, ce qui est propre et avantageux à la femme[27]. C'est le regard porté sur sa propre conduite pour se diriger et ne point commettre de faute. C'est l'hôte illustre qui se montre à la cour avec éclat et vient voir l'éclat de la cour qu'il visite[28].

Rien de plus simple et de moins bizarre, n'est-ce pas, que cette explication ; et pour l'obtenir il n'a fallu qu'une modification de l'intention de l'auteur.

Cette vingtième section est particulièrement instructive comme on va le voir.

Mais d'abord prévenons une objection qui sera certainement venue à l'esprit de tout le monde. Comment les Chinois ont-ils pu se tromper de la sorte sur le véritable sens et la portée d'un livre si important pour eux, et prendre une sorte de vocabulaire commenté pour un livre de divination ? La réponse à cette question est des plus simples, ce me semble. Le *Yih-king* primitif n'était pas fort répandu ; il était même probablement peu connu. Un homme d'autorité et de puissance, préoccupé d'intérêts politiques et adonné aux pratiques divinatoires, se sera emparé de ce livre et

---

[27] Le mot correspondant à « jalousie » se représente en chinois écrit par une demi porte ouverte et une femme. Par cette ouverture, la femme épie son mari et s'assura de sa fidélité.

[28] Plus simplement : attitude d'un jeune garçon… d'une personne épiant à l'embrasure d'une porte…, Examiner sa propre conduite.. Paraître à une cour … Contempler l'éclat d'une cour où l'on est venu en hôte illustre… Phrases de dictionnaire élucidant ces acceptions diverses : regarder hardiment, épier, considérer, regard intellectuel, paraître avec éclat.

l'aura transformé, pour le faire servir à ses fins. Ses contemporains l'auront accepté de sa main puissante et vénérée, et le souvenir du texte originaire se sera perdu. Si ce fut l'œuvre d'un prisonnier oisif, comme on le prétend, cela ne s'explique que mieux encore.

On pourrait aussi objecter que la forme sextuple régnant d'un bout à l'autre du premier commentaire démontre son rapport originairement tout intime avec les six lignes des kouas. Mais, ici encore, la réponse est des plus faciles, et la section que nous venons de traduire suffit à nous la fournir.

Le texte premier de cette partie n'était pas originairement divisé partout en six paragraphes. C'est l'auteur de la transfiguration ou plutôt de la division. Cela est si vrai que les deux derniers paragraphes de la section XX sont identiques ; il a fallu changer le pronom *ngo* en *khi* avec même valeur pour les différencier, et obtenir de force une sixième explication ou conjecture. Le paragraphe 3 est aussi tout analogue. Il y a donc six explications, parce que le transformateur de ce texte l'a voulu ainsi pour établir son système. Tout a dû se plier à sa volonté.

Suivant le même principe, nous trouverons encore que la section IV explique le koua *meng* « intelligence non éclairée, ignorance, élève » en ces termes : « pour dissiper l'ignorance il faut user de punitions. Si on néglige l'examen, le châtiment, on s'en repentira. Il est bien de se préoccuper de l'ignorant et de soutenir la jeune fille ; pour épouse on ne doit point prendre celle qui ne considère que l'or et ne se possède pas elle-même[29]. L'ignorance décrépite est déplorable. Le jeune élève est dans une condition heureuse. Si on le châtie en le formant, on ne doit pas lui faire du tort, mais, au contraire, l'en préserver. » Encore une fois, pour obtenir un sens aussi rationnel, il n'a fallu que supposer chez l'auteur une intention différente de celle qu'on lui attribuait jusqu'ici. Et ce sont ces considérations sur l'éducation que le dernier rédacteur a transformé en réponses d'oracles et divisées en autant de parties qu'il y a de lignes dans le koua.

Il nous resterait à jeter un coup d'œil général sur le texte fondamental du *Yih-king*, et à tirer de là des conclusions relativement à sa date, sa nature et son origine. Mais cela nous entraînerait trop loin.

Nous nous bornerons aux réflexions suivantes :

1° L'inventeur des kouas, ou figures hexalinéaires, en choisissant un genre de signes qui ne pouvait lui fournir qu'un chiffre de variétés des plus restreints, a prouvé suffisamment, par cela seul, qu'il ne pensait aucunement à créer un système graphique complet ; autrement il eût également employé des lignes d'une forme différente, brisées, verticales, longues et courtes, comme le faisaient les créateurs des cunéiformes. Il n'a donc pas pris modèle sur ceux-ci. Il est même peu probable que des dessins aussi réguliers aient été la première

---

[29] N'est ni bien élevée ni instruite de manière à se posséder, se conduire convenablement.

invention de celui qui cherchait à exprimer ses idées par des signes extérieurs.

2° Si maintenant nous groupons en un tableau tous les mots que l'auteur des kouas avait notés dans son livre-mémoire et les considérons, dans leur ensemble, dans leurs diverses catégories et leurs rapports mutuels, nous arriverons à cette conclusion que le père du *Yih-king* était déjà préoccupé de toutes les idées qui règnent en Chine depuis Kong-fou-tze et qui ont présidé aux destinées de l'Empire du Milieu.

Principes cosmogoniques, organisation domestique, sociale et politique, vertus qui s'y réfèrent ; tels sont les principaux chefs sous lesquels on peut ranger toutes ces notions, tous ces mots ; et les principes développés, prêchés par le Grand Philosophe sont également ceux que les premiers rudiments du *Yih-king* devaient inculquer à leurs lecteurs : Autorité nécessaire dans l'État (6-7) ; soumission des inférieurs (15) ; bienveillance, douceur et justice chez les chefs, (17, 23) ; soin des intérêts du peuple (58) ; augmentation de la population favorisée (45) ; qualité des lois (60) ; incertitude de l'éclat, des grandeurs (22, 30, 36) ; excellence du mariage (31, 53, 54) ; entretien de la famille (9, 26, 27, 37) ; sacrifices (50) ; fonctions (19) ; dignité (16) ; décorum (20) ; vie retirée (83) ; procès à éviter (6, 43) ; supériorité (28, 62) ; force et grandeur (14, 34) ; conduite à tenir dans l'élévation et l'abaissement (41, 42, 46, 47) ; l'abondance, la richesse

(55, 59) ; désordre (25) ; arrangement, disposition sage (66)[30].

Vertus à pratiquer : milieu à garder (61) ; union et concorde (8) ; douceur, bienveillance (17, 57, 58) ; prudence, prévoyance (10, 18) constance, fermeté, noble hardiesse (5, 32, 39, 52) ; amitié, dévouement (29, 40) ; correction, amendement, restauration (24, 49) ; succès et insuccès (63, 64).

Philosophie naturelle : principe actif (1) ; principe passif (2) ; pénétration mutuelle, développement (3, 11) ; croissance de la nature (35) ; des forces intellectuelles, éducation (4) ; apogée du soleil (38) ; utilité des puits dans la cité (48).

Voilà le tableau complet des sujets traités dans le *Yih-king*. Pourrait-on ne pas y voir quelque chose comme des notes écrites sur le carnet d'un homme politique chinois, une sorte de matière de méditation, de mémento quotidien ? La réponse ne paraît pas douteuse. Possesseur de ces notes, un autre politicien plus moderne, adonné à l'art divinatoire, en a fait un manuel de pratiques superstitieuses, en changeant la forme, en multipliant les interpolations, etc., et a entraîné ainsi tous ses successeurs dans cette voie. Il y a de plus, par inintelligence ou volontairement, introduit le plus complet désordre, comme le prouve la séparation des sections 9 et 26, 28 et 62 qui traitent de sujets analogues, etc. Devenu ainsi obscur, et mystique, le livre n'en attira que davantage l'attention ; de là tous

---

[30] [css : le koua 66 n'existe pas. Il s'agit probablement du koua 56].

les commentaires qui, prenant pour point de départ l'œuvre ainsi altérée, nous ont donné ce formidable amas de matériaux où l'on rechercherait en vain le sens du texte primitif. N'ayant que cela à leur disposition, les sinologues européens en ont fait ce qu'ils ont pu et ce que nous avons vu. Telle est, ce me semble, en résumé, l'histoire du *Yih-king*.

3° On se demandera encore quelle a été l'origine de ces lignes pleines et coupées qui servent à composer les kouas. Ne pourrait-on y voir une sorte de représentation des cordes droites et simples ou nouées qui, selon la tradition, servirent de premier instrument graphique pour l'expression des idées et des mots. J'incline à le croire sans oser rien affirmer. Tout ce que l'on peut dire c'est que la ressemblance entre ces deux genres d'écriture est des plus frappantes et qu'on ne saurait en trouver un autre qui en approche.

NOTA. Qu'il me soit permis d'ajouter à ce qui précède l'explication de la première section qui me paraît la plus probable ; je veux parler du second texte, hexaire, attribué à Tcheou-kong.

Au lieu d'y voir l'explication des diverses lignes de l'hexagramme ou koua ☰ comme représentant un dragon dans six positions différentes, je pense que ce dragon est sans aucun rapport avec les lignes, mais est une image de la force universelle dont parle le premier texte, ou de l'homme puissant, du souverain, ou enfin qu'il forme une de ces métaphores que les poètes chinois aiment à employer dans leurs odes figuratives comme allusion lointaine à l'objet de la composition poétique.

C'est cet agent producteur des êtres qui est d'abord renfermé en lui-même, sans action extérieure, puis s'agite dans l'abîme, se montre sur la terre, plane et vole, pour ainsi dire, dans les cieux. C'est lui qui est la force irrésistible. Sous son action, le sage sans cesse craintif et vigilant ne faillit pas, même au milieu des difficultés, des dangers les plus redoutables. Ce pourrait être aussi le souverain oisif au fond de son palais, puis y travaillant, puis se montrant au monde et faisant éclater sa gloire. Cela ferait songer au Kao-tsong du *Shou-king, III, 8.*

Peut-être même n'y a-t-il ici qu'une citation appliquée au sujet que l'auteur avait en vue.

M. Douglas voit dans le mot *long* qui signifie « dragon » le nom d'un peuple barbare. Cela peut être ; mais il faut admettre en ce cas qu'il n'y a aucun rapport entre les deux parties de la section.

Du reste, pour interpréter sûrement de semblables passages, il faudrait savoir exactement ce qui appartient au premier auteur et ce que son continuateur y a ajouté. Le déterminer aujourd'hui en l'état de nos connaissances, ce serait faire de la critique assez fantaisiste peut-être. Cependant les éléments de distinction ne manquent pas ; par exemple : la nature des pensées, la forme quadrilatère des membres de phrase, etc.

LE YI-KING

SA NATURE ET SON INTERPRÉTATION[31]

Qu'il me soit permis de revenir encore un instant sur cette importante question et d'ajouter quelques mots, à ce que j'en ai dit, soit dans mon étude préliminaire, soit dans l'introduction de la traduction complète. Cela me paraît nécessaire. En effet, si mon ouvrage a reçu l'approbation complète de sinologues des plus distingués, il n'a pas été parfaitement compris de tous les savants, et cela, je le reconnais bien volontiers, un peu par ma faute. Il est vrai que pour en bien saisir la portée, il faut être non seulement spécialiste, mais encore tout particulièrement versé dans l'étude du *Yi-king* et de la littérature ; mais cela n'explique pas tout. On comprend qu'en voyant une introduction aussi longue précéder la version, on ait dû croire que mon système était compliqué et demandait des preuves nombreuses, difficiles à fournir. En y lisant que j'avais écarté du texte tout ce qui était d'art augural, on devait naturellement penser que j'y avais fait des coupures assez nombreuses, que je l'avais plus ou moins remanié.

Or c'est le contraire qui est vrai ; je n'y ai rien, absolument rien retranché ; je ne l'ai changé en rien ; je n'ai ajouté ni supprimé aucun mot. Mon texte est exactement le même que celui de MM. Legge,

---

[31] Article paru au *Journal Asiatique*, avril-mai-juin 1891, pp. 164-170.

Macklatchie et Philastre[32], et ce texte je l'ai traduit comme l'aurait fait tout savant chinois ou tout sinologue entre les mains duquel il serait tombé dépourvu de certains de ses commentaires qui en donnent une idée des plus fausses. Ce que j'en retranche, ce sont uniquement les interprétations extérieures. Quelques mots suffiront, je pense, pour en convaincre tout lecteur instruit, qu'il soit ou non spécialiste.

Qu'est-ce, d'abord, que le *Yi-king*, considéré matériellement ? Ouvrons-le et nous y verrons une suite de 64 chapitres composés d'un texte en double partie, portant en tête un titre formé d'un seul ou de deux mots.

Comment devons-nous envisager ce contenu ? Tout homme quelque peu instruit, auquel on poserait cette question, répondrait certainement : « Comme on envisage le contenu de tout livre quelconque, qu'il soit écrit en Europe, en Amérique ou aux dernières limites de l'Australie. » C'est-à-dire que l'on considérera le titre comme formé de mots ayant une signification et le corps du texte comme le développement de l'idée contenue dans le titre. En est-il autrement des livres chinois ? Évidemment non. Que nous ouvrions le *Li-ki* (Traité des Rites), l'*I-li* (Cérémonial), le *Tcheng-meng* (Traité philosophique de Tcheng-tze), le livre de *Tchuang-tze* ou tout autre, nous y trouverons des chapitres ou livres portant en tête des mots tels que *Li-*

---

[32] Mon savant ami, M. de Lacouperie, m'a fait même le reproche de n'avoir point changé, corrigé certains mots. Il avait raison, mais j'ai voulu, en laissant tout intact, évité d'être taxé d'arbitraire.

ki : *Yue-ling* (ordonnances des mois), *Tchi-i* (sens des sacrifices), *Sang-fo* (habits de deuil) ; *I-li* : *Ta-ho* (la grande harmonie) ; *Tchang-tze* : *Ta-tsong* (le grand *progenitor* des êtres), *Tchuang-tze*, etc. Il ne viendra certainement à l'esprit de personne de soutenir que ces mots n'ont aucun sens dans ces livres, que ces chapitres s'appellent *Yue-ling*, *Sang-fo* ou *Ta-tsong*, comme une fleur porte le nom de *Delphinium* ou de *Clarkia*, et que ces noms n'ont aucun rapport avec la matière du chapitre.

Peut-on supposer rationnellement que le *Yi-king* seul faisait exception à cette règle universelle ?

Si encore il était démontré que le contenu des chapitres n'a rien de commun avec le sens du mot placé en tête, ou que tout au moins il faut faire violence au texte pour mettre d'accord et titre et contenu, on aurait alors raison d'exclure le *Yi-king* de l'ordre général des livres et de supposer pour lui seul une nature exceptionnelle.

Mais c'est le contraire qui est vrai. Car je me suis borné à donner aux mots chinois leur sens usuel et ordinaire, celui que l'on trouve dans tous les dictionnaires et dans l'explication des phrases, j'ai suivi partout les règles de la syntaxe ordinaire de la langue littéraire de la Chine. En quelques cas très rares seulement, parmi les 500 à 600 phrases du *Yi-king*, l'adaptation présente quelque difficulté. Mais vu l'ancienneté de l'ouvrage et les modifications qu'ont subies, à plusieurs reprises, les caractères chinois, le contraire serait beaucoup plus surprenant.

Mais peut-être y aurait-il une raison, un moyen d'expliquer l'adjonction aux signes hexagrammatiques de caractères représentant de pures sonorités ? Je n'hésite pas à répondre catégoriquement : non, il n'y en a pas et l'on n'a jamais pu expliquer comment tel hexagramme s'appelle *Tchun*, tel autre *Kien* ou *Sui*, etc. ; comment surtout il y en a dont le nom est composé de deux mots tels que *Kia jin*, *Ta-tchuang*, *Tchung-fuh*, et d'autres d'un seul.

Comment d'ailleurs un hexagramme, soit six lignes superposées, entières ou coupées, pourraient-elles avoir pour nom propre *Ta-tchuang* « grande force », ou *Kia jin* « homme de la famille, serviteur », etc. ?

En outre, ai-je besoin de rappeler que l'explication traditionnelle fait, de l'aveu de tous, du *Yi-king* un amas de non-sens qui n'a jamais eu de pareil en aucun temps, ni chez aucun peuple ? Deux exemples suffiront pour remettre cette vérité en mémoire. Est-ce un homme pourvu de sens commun qui a pu jamais prétendre qu'une ligne (———) représente des oies s'avançant vers une île, et la même ligne placée au-dessus, un jeune officier en danger, ou des oies s'avançant vers un autre objet ? Une autre représente un homme au dos écorché, et plein de satisfaction.

Il faut donc choisir entre deux systèmes.

L'un fait du *Yi* un livre ordinaire, composé comme tous les autres, très raisonnable et rempli de sentences judicieuses.

L'autre suppose des faits absolument inouïs, contraires à toute raison et transforme ce même livre en un tissu de sottises qui feraient reléguer son auteur en dehors de l'humanité.

Pour plus de clarté, voici le *schéma* des deux systèmes applicable à tous les chapitres :

EN TÊTE	
Ex. Shih ho (XXI)	
Mot chinois pris en son acception ordinaire.	Son dépourvu de sens.
Ex. : « Médisance. »	*Shih ho*, nom du koua.
1er Texte	
Sentence expliquant, développant le sujet indiqué par le titre. Ex. : « La médisance engendre les querelles », etc.	Phrase indépendante indiquant ce que la figure représente. Ex. : « Le koua représente la médisance engendrant les querelles[33]. »
2e Texte	
Sentences diverses de même nature que le 1er texte. Exemples des divers sens du mot mis en titre. Ex. : « Si (le médisant) a les pieds entravés et les oreilles coupées, cela évitera bien des maux. »	6 phrases indépendantes et incohérentes, indiquant ce que représentant les 6 lignes, une à une. Ex. : « La première ligne représente un médisant les pieds pris dans des entraves, etc., et évitant les maux. »

---

[33] Le caractère indéterminé des phrases chinoises, l'absence des conjonctions, des formes personnelles, etc., permettent les différentes constructions de la phrase dans la version.

Et notons bien que dans les deux cas, le texte est matériellement le même.

On se demandera sans doute si la transformation du texte que suppose mon interprétation n'est pas aussi extraordinaire et n'implique pas autant d'absence de raison que l'explication traditionnelle.

Nullement, et tout au contraire.

En transformant le *Yi* en livre de consultation du sort, on devait nécessairement faire abstraction de la signification de l'ensemble et des différentes sentences dans leurs rapports mutuels, tout comme de ceux qui les unissaient aux titres des chapitres. Ceux-ci devaient nécessairement être laissés entièrement de côté et leur valeur devait se perdre. Tout ce qu'il y avait à faire, c'était de négliger ces en-têtes, de diviser le corps des chapitres en parties isolées, en phrases détachées et d'attribuer à chacune d'elles une valeur augurale. Comme il y avait six lignes à chaque hexagramme, il fallait six parties à chaque chapitre. Ainsi, quand le sort avait désigné un hexagramme et une ligne, on n'avait qu'à regarder la phrase correspondante et rechercher le pronostic qui y était caché sous des voiles transparents pour les seuls augures.

Voilà ce que l'on devait faire et voilà ce que l'on a fait.

Prenons, au hasard, un koua comme spécimen ; le koua XXXIX par exemple. Voici ce qu'il nous donne, traduit littéralement :

☵☶ *Kien* « difficulté ».

Texte I. « Énergie dans les difficultés peut réussir d'un côté et pas de l'autre. Par son succès se montre le grand homme. »

Texte II. « Si l'on va (courageusement) aux choses difficiles, on reviendra comblé de louanges. Si le prince et ses ministres ont difficultés sur difficultés, ce n'est point (toujours) parce qu'ils recherchent leur propre avantage. L'un va aux difficultés et revient après au repos. Un autre y va et revient uni à ceux qui les ont partagées. Un autre y va et revient plus éclairé. Un dernier y va et revient plein de mérites.

(Effets divers des difficultés selon la conduite.)

De ce texte je veux faire des sentences pour consulter le sort ; et ce sort, je le consulte en cherchant ce koua et une de ses six lignes. Que ferai-je pour cela, sinon de faire abstraction du titre du chapitre, de diviser le second texte en 6 phrases dont chacune correspondra à une des lignes du koua ? Je le diviserai donc en le coupant à chaque point, et quand le sort aura désigné une ligne, je prendrai la phrase du même numéro et j'en tirerai ou ferai tirer un horoscope.

Ce sera : « 1. Si l'on va ... 2. Si le prince ... 3. L'un va ... 4. Un autre y va ..., » etc.

Ainsi il est arrivé que la 1e ligne a représenté un homme qui entreprend des choses difficiles ; la 2e un prince et ses ministres, etc. Ce à quoi ni les auteurs du livre, ni ceux de l'usage augural n'avaient jamais pensé.

Rien au monde de si simple et de si naturel ; eh bien, voilà ce que suppose mon système. Que pourrait-on bien y opposer ?

Mais l'histoire du *Yi-king* ne s'y oppose-t-elle pas ?

Loin de là, mon explication a de sérieux fondements dans l'histoire. Les plus anciens commentaires lui sont entièrement favorables, comme on peut le voir dans ma traduction. L'appendice VI du *Yi-king* n'est pas autre chose. Des commentaires plus modernes expliquent le texte comme moi, ainsi qu'on peut le voir aux pages 137 et suivantes. Les Chinois ont toujours conservé la conscience intime du sens originaire du *Yi-king*. Mais les commentaires horoscopiques les ont également empêchés de reconnaître la vérité tout entière.

Enfin les historiens chinois attestaient, encore au XIIIe siècle de notre ère, que le *Yi-king* avait subi une transformation considérable qui en avait modifié la nature.

On se demandera enfin quel rôle jouent les kouas ou hexagrammes dans ce nouveau système ? Ce rôle est des plus simples et des plus conformes à la nature du livre où ils sont employés.

On ne peut y voir un système graphique puisqu'ils sont formés de telle façon qu'il ne peut y en avoir que 64, pas un de plus. Ce sont tout simplement des figures servant à la divination et pouvant fournir matière à différents horoscopes. Néanmoins on peut leur attribuer une valeur représentative conforme au sens des mots qui forment l'en-tête et les sujets des chapitres auxquels ces kouas sont préposés, et c'est ce que j'ai fait à la fin de mon introduction. Ou bien ce sont des signes de numérotation. Ainsi tout s'explique sans lacune ni disparate.

Il y a donc à choisir entre un système qui fait du *Yi-king*, sans y rien changer, un livre comme tous les autres, ayant un sens en toutes ses parties, celles-ci étant bien coordonnées, qui en explique la transformation d'une manière très naturelle, fondée sur l'histoire, et qui lui enlève tout ce qu'elle a d'irrationnel en soi ; et cet autre, fondé sur une tradition nullement antique, qui représente le livre chinois comme un recueil de 64 tissus de non-sens, de sottises inimaginables, ayant chacune pour titre un son dépourvu de sens tout comme le reste et dont rien ne justifie le caractère tellement irrationnel que les commentateurs se contredisent souvent eux-mêmes, parce que leur bon sens naturel les éloigne des explications reçues et les force à reconnaître la vraie nature du vieux *King*.

Pour moi, je ne saurais hésiter.

Ce système est si simple qu'on se demande en vain comment on n'y a jamais pensé. C'est l'histoire de l'œuf de Christophe Colomb.

TRADUCTION CH. DE HARLEZ

LE YI-KING DU VIIE SIÈCLE AVANT J.-C.

(LE TCHIEN-TSIU ET LE TSO-TCHUEN)[34]

Dans l'exposé des faits qui m'ont amené à une interprétation nouvelle et rationnelle du *Yi-king*, je n'ai pu, naturellement, entrer dans tous les détails que la matière comportait. Il en est un, surtout, qui aurait mérité une attention spéciale, à cause de son importance dans la question et que j'ai dû passer sous silence. Force m'est donc d'y revenir, en donnant à ce point de la discussion le développement indispensable. Je veux parler de l'usage que l'on faisait du *Yi-king* aux temps décrits dans le *Tso-tchuen* ou les Annales de *Tso-kiu-ming*, qui s'étendent du VIIIe au Ve siècle de l'ère ancienne. Nous y voyons en effet la consultation des *kouas* et des textes adjoints à ces figures pratiquée fréquemment, et nous pouvons y constater le sens qui était attribué, à cette époque lointaine, aux figures et aux sentences du *Yi-king*. Cela nous permettra d'en déduire la nature originaire des unes et des autres. Mais rappelons-nous d'abord l'objet du débat.

Le *Yi-king* se compose de chapitres ayant comme en-tête un signe composé de six lignes et un mot chinois, puis un double texte, le premier parlant du sujet en général, le second composé de six sentences différentes. Jusqu'ici on avait cru que le mot titre du chapitre n'était

---

[34] Article paru au *Journal Asiatique*, avril-mai-juin 1893, pp. 163-172.

qu'un son vide de sens, servant comme nom propre au *koua*, et le texte une explication de ce que représentait la figure dans son ensemble d'abord, puis chacune de ses lignes. On voyait ainsi dans une figure de trois lignes droites, l'une de celles-ci représentant des oies gravissant une montagne, l'autre un officier en danger, la troisième un char embourbé, etc. D'après mon interprétation, les mots des en-têtes y sont pris dans leurs sens ordinaires simples ou multiples, et le texte explique ces diverses significations.

Voilà en peu de mots, et d'une manière précise, en quoi consiste la différence des interprétations ancienne et nouvelle.

Examinons maintenant à laquelle des deux les *Annales chinoises* donnent raison.

Le recours au *Yi-king* pour la divination se rencontre seize fois dans le *Tso-tchuen*. Il y a pour but de connaître l'issue d'une entreprise ou d'interpréter un présage. Des nombreux passages où il se rencontre, il y en a huit qui ne nous apprennent rien qui puisse nous éclairer, et ne contiennent qu'une mention brève et générale du fait. Nous ne pouvons que les passer sous silence. (Voir l. IV, 2.5 ; V, 5.4 ; VII, 11.3 ; X, 7.3 ; X, 12.3 ; XII, 10.4, etc.) Les huit autres devront être l'objet d'un examen spécial.

I

La première mention du *Yi-king* est faite la vingt-deuxième année du règne du prince Tchwang (676 A. C.)[35]. En voici l'occasion. Le prince Li de Ts'in venait d'avoir un fils. En cette circonstance, un historiographe astrologue de Tcheou se présente à sa cour pour le féliciter de cet heureux événement. Notre homme portait avec lui le *Yi-king* de Tcheou. Li, informé de ce fait, pria son hôte de tirer l'horoscope du nouveau-né. Notre astrologue ne se fit pas prier : il jeta, selon la coutume, les baguettes pour trouver deux *kouas* successifs dont le premier était, d'après la règle, censé se transformer dans le second. De la nature de ces hexagrammes et de leur succession les devins tiraient un horoscope à leur fantaisie.

En cette circonstance, le sort donna le koua XX, *kuân* ☴☷ d'abord, puis le koua XII, *P'i* ☰☷. Cela fait, l'historiographe se mit à interpréter la signification de ces figures. Il le fit de deux manières, en vertu de deux principes : la forme des hexagrammes, puis le texte du *Yi-king*.

Appliquant d'abord le premier principe, il fit remarquer que *P'i* est composé du trigramme du ciel ☰ au-dessus de celui de la terre ☷ ; et comme le premier trigramme provient de ☴ [36] (trigramme supérieur de *kuân*) qui représente le vent, il déclare que ce changement indique

---

[35] [cf. *Tso tchouan*, trad. Couvreur]

[36] En vertu de la succession, de la substitution indiquée plus haut.

des « montagnes » (*sic*). Il en conclut que le jeune prince aurait tous les trésors des montagnes, tout l'éclat du ciel, qu'il dominerait la terre.

Quant au second système de pronostic, il prit du texte cette sentence qui compose le paragraphe 4 du *koua kuân* (XXe) en son état actuel : « Contempler l'éclat d'un royaume ; avantage qu'il y a à être l'hôte d'un roi ». Puis il expliqua cet avantage en rappelant les dons que l'on fait au visiteur d'une cour. Nos lecteurs auront sans doute saisi tout de suite les conséquences de ces explications. Le devin, comme nous, explique les phrases du *Yi-king* en elles-mêmes et comme sentences indépendantes, sans les rattacher aucunement aux diverses lignes des hexagrammes, sans y apercevoir le moins du monde l'indication de ce que ces lignes doivent représenter selon le système reçu. Pour lui, il n'y a que des figures ayant chacune sa signification propre. Et quant au texte il n'y a que des phrases ayant toute leur valeur en elles-mêmes et servant par leur contenu à augurer de l'avenir. C'est déjà un premier point acquis ; l'exemple suivant sera bien plus significatif encore.

II

La seconde mention des *kouas* se trouve à la première année du règne du prince Min (660 A. C.)[37] et dans les conjonctures suivantes : Piwen, grand de Tsin, avait consulté le *Yi-king* pour savoir s'il deviendrait magistrat de cette principauté. Le sort fit sortir le *koua* III ☷☳

---

[37] [cf. *Tso tchouan*, trad. Couvreur]

tchun, puis le VIIIe *P'i* ☷☰. L'astrologue Sin-Liao lui dit : « C'est un présage heureux, car *tchun signifie « fermeté »* et *P'i « pénétrer dans »* ; en outre le trigramme inférieur de *tchun* transformé en *p'i* (☳☰) « trembler » devient dans ce dernier ☷ ou le trigramme de terre. » Puis il ajouta : « — (Son) char suit le cheval, ses pieds se tiennent dedans, son frère aîné le soulève, sa mère le recouvre d'un dais. » — Ces six choses ne changent pas. Ceci présage un titre de *kong* ou de *heou*.

Il n'est pas nécessaire d'insister fortement pour faire remarquer et constater :

1° Que les en-têtes des chapitres III et VIII, KUÂN et P'I, sont présentés ici comme mots de la langue avec leur valeur lexicographique ordinaire ; puisque l'astrologue tire son horoscope de ce fait que *tchun* (III) signifie « fermeté » et *P'i* (VIII) « pénétrer dans » ; conséquemment ces mots ne sont aucunement des sons vides servant simplement à dénommer les *kouas* correspondants ;

2° Que les textes du *Yi-king* (voir la quadruple phrase insérée entre deux —) étaient considérés en globe, dans le sens qu'ils ont en eux-mêmes et nullement comme représentant des diverses lignes successives, comme on le fait depuis dix et vingt siècles.

Or ces deux faits, ces deux principes constituent tout notre système.

III

Le troisième passage que nous allons examiner a encore plus d'importance pour notre thèse. Il se trouve au livre IX, an. 9.13[38].

Voici ce qu'il contient : « La princesse épouse du duc Siuen, enfermée au palais ducal, consulte un devin pour savoir si elle en sortira un jour. Le sort lui donne le koua *ken*, puis le *Sui*. »

L'astrologue lui dit alors : « *Sui* c'est sortir ; la princesse sortira d'ici. — Non, répondit la souveraine, cela n'est point. » *Sui*, dans le *Yi* de Tcheou, a pour explication les quatre mots : « Commencement, développement, affermissement, consolidation-achèvement sans défaillance ou blâme ». Puis elle ajoute cette explication de ces quatre termes : *Yuen* « commencement » indique la naissance, la première croissance des astres ; *hang* « développement » marque l'assemblage des bonnes qualités ; *li* « affermissement, bon arrangement », est l'harmonie entre les prédicats appropriés ; *tcheng* « achèvement » est, en toute chose, comme le tronc ferme et solide d'un arbre. La bonté essentielle suffit à faire naître l'homme, la faculté de la bonne nature à réunir les capacités convenables, etc. C'est ainsi que l'on comprenait le *Yi-king* au VIIe siècle avant notre ère ; or c'est là précisément l'explication que j'ai donnée à ce passage dans mon *Yi-king* et cela même avant d'avoir pris connaissance de ce chapitre du *Tso-tchuen*.

---

[38] [cf. *Tso tchouan*, trad. Couvreur]

IV

Non moins significatif, bien que très court, est le livre X, 1.10, où nous apprenons que, dans le *Yi* de Tcheou, le mot *kû* du chapitre XVIII signifie « femme séduisant les jeunes gens » et « vent abattant les montagnes ». Car ce sont là deux sens ordinaires du mot *kû*, que l'opinion reçue considère comme un son vide servant de nom au *koua* XVIII.

V-VI

Les quatre autres passages où figurent le *Yi-king* et ses *kouas* n'ont qu'une importance secondaire, mais toutefois confirment également notre système. Il en est deux d'abord au même chapitre (livre V. an. 15, § 13).

Au premier[39] nous voyons l'astrologue du prince de Ts'in faire l'horoscope d'une expédition contre Tsin. Les baguettes sacrées lui indiquent le *koua* XVIII, *kû* auquel il prend comme texte augural les paroles suivantes : Ces mille chars sont mis en fuite ; le résultat de la triple défaite est de faire prisonnier le valeureux renard. » Ces mots ne se trouvent pas dans notre *Yi-king*, mais ils forment une des explications du mot *kû* qui signifie « trouble, malheur », comme je l'ai admis.

Au second cas l'augure tire deux *kouas*, le trente-troisième, *kuei*, et le cinquante-sixième, *kuei-wei*, et prend comme texte la sixième sentence du second avec deux

---

[39] [cf. *Tso tchouan*, trad. Couvreur]

autres membres de phrase qui se retrouvent au *koua* IX, § 3. Le tout, sans relation avec les lignes.

VII-VIII

Ces deux derniers emplois du *Yi-king* sont exposés en termes très brefs, mais ne sont point sans utilité pour nous à notre point de vue. Au premier (l. IX, an. 28, § 5[40]) l'astrologue prend au koua *I* les mots « trompe », et « revenant » qu'il applique à une expédition guerrière.

Enfin, au livre X, an. 29, nous voyons toutes les phrases des *kouas* 1 et 2 relatives aux dragons, comptées d'après le chiffre des lignes et servant à prouver que les dragons se sont montrés jadis aux hommes, puisque, sans cela, on n'eût pu connaître leurs habitudes. — Mêmes conclusions que ci-dessus.

Conclusion

Les résultats de cette étude sont tellement évidents qu'il suffit de les rappeler pour en formuler toutes les conséquences. Ils aboutissent principalement à la constatation de ces deux faits : 1° les mots-titres des chapitres du *Yi-king* étaient considérés, non comme des sons vides désignant des lignes et ce qu'elles figurent, mais comme des mots du dictionnaire chinois avec leur sens habituel ; 2° les textes, les sentences sextuples du *Yi-king* n'étaient nullement considérés comme exprimant ce que figurent les lignes, mais comme des

---

[40] [cf. *Tso tchouan*, trad. Couvreur, p. 503]

phrases indépendantes, ayant leur sens en elles-mêmes et se référant à celui des mots-en-têtes.

Cette dernière condition n'est pas longuement exposée dans le *Tso-tchuen* parce que le sujet ne s'y prêtait aucunement ; mais elle est clairement indiquée en plusieurs passages, implicitement dans presque tous. Aucun n'y est opposé en quoi que ce soit.

Or des mots-en-têtes significatifs, et des sentences qui s'y rapportent, c'est là tout mon système.

Mais le dernier passage dont nous avons parlé ci-dessus nous fait comprendre comment on opéra la transformation du système explicatif du *Yi-king*, comment on en est venu aux conceptions bizarres qui ont fait de ce livre un amas de non-sens.

On tirait d'abord un premier *koua*, puis un second. Cela fait, on examinait quels traits distinguaient le second du premier. Par exemple ; dans ☰ (1ᵉʳ *koua*) et ☰ (44ᵉ *koua*), la différence est à la dernière ligne ; c'était donc celle que le sort devait vouloir désigner, et l'on prenait, comme indication du pronostic, la sixième sentence du *koua* ; le devin l'expliquait à sa fantaisie et l'appliquait à l'objet de la consultation.

Le *Yi-king* ne servant plus qu'à la divination, on ne se préoccupa plus de sa valeur intrinsèque, mais uniquement de son emploi pour la science augurale, et l'on négligea la première, pas entièrement toutefois, car nous la retrouvons aux commentaires cités page 137 et suivantes de ma traduction.

Les diverses sentences de chaque chapitre ne furent plus considérées que comme des phrases isolées se référant aux lignes portant le même chiffre qu'elles, et les savants européens, trompés par cet accouplement constant, crurent que ces sentences exprimaient ce que les lignes représentent, allant ainsi beaucoup plus loin que les Chinois car ceux-ci n'ont jamais conçue cette idée peu rationnelle qu'on leur attribue, mais ont toujours considéré les lignes comme un simple moyen de numérotage des sentences, allant de 1 à 7.

Il résulte enfin que le *Yi-king* dont nous avons vu ci-dessus des extraits était assez différent du nôtre et, tout au moins, contenait beaucoup de sentences qui n'y figurent plus aujourd'hui.

Mais ceci est un fait accessoire. L'essentiel pour le moment était de constater qu'au Ve et même au VIIIe siècle avant notre ère, c'est-à-dire une époque très rapprochée de son origine, le *Yi-king* était compris, en général, comme nous l'avons fait dans notre traduction.

LE *YI-KING* D'APRÈS LE *LÜN-YÜ*

Ce n'est, pas seulement le *Tso-tchuen* qui confirme notre système d'interprétation ; le *Lün-yü*, par l'organe de son principal interlocuteur, Kong-tze lui-même, en assure le bien fondé. Je ne citerai qu'un seul passage tiré du chapitre XIII des *latreticus*[41]. Ce chapitre a pour objet la vertu de constance, d'amour de l'ordre et des règles, exprimée par le mot *heng*. Kong-tze rappelle ce dire populaire, que : sans cette vertu, ce *heng*, on ne peut être bon médecin ; puis il justifie le proverbe chinois en citant un passage du *Yi-king* pris au chapitre de ce livre qui a pour en-tête ce même mot *heng*. « C'est vrai, ajoute-t-il, car si la vertu n'est pas *heng* (constante, attachée aux règles), on encourra des hontes ; » (*Yi-king*, chap. *heng*, XXXII, 3.)

Il est donc évident :

1° Que le titre du chapitre XXXII était non pas un mot vide de sens, mais le terme *heng* avec sa signification dans le langage ordinaire ;

2° Que la sentence apportée en preuve par Kong-tze se rapporte à ce mot *heng*, en tête du chapitre, et à sa signification vulgaire.

Or, encore une fois, en-têtes, titres significatifs et texte qui s'y rapporte, c'est tout notre système. Notre traduction donne au texte son sens tout simple et tout

---

[41] [cf. *Louen-yu*, trad. Couvreur]

naturel, tel qu'on l'eut toujours admis si l'on n'eût été égaré par des divagations philosophiques placées *à côté*.

P. S. Cette note suffira pour répondre aux observations critiques par lesquelles M. Philastre[42] vient d'essayer de sauver un système désormais insoutenable. Ce sont sans doute les anciens Chinois et non ceux du XIIe siècle de notre ère qui doivent ici faire foi. Le mysticisme de ces derniers prouve suffisamment la date récente de leurs œuvres, laquelle s'explique parfaitement du reste, comme on vient de le voir.

Mais j'abandonne à nos lecteurs le choix entre une traduction simple, naturelle, qui s'impose d'elle-même et donne un sens rationnel au livre, et une interprétation qui, de l'aveu de tous, en dénature complètement l'esprit.

---

[42] [cf. Yi-king, trad. Philastre]

LE *YI-KING* ET SA TRADUCTION EN MANDCHOU

Après dix années d'efforts inutiles je suis parvenu à me procurer une édition du *Yi-king* avec traduction mandchoue. Je traiterai en détail de cette œuvre dans une étude subséquente ; je me borne, pour le moment, à en dire quelques mots pour faire connaître les conséquences qui résultent de cette interprétation, pour l'appréciation de la nature de ce livre si mystérieux.

En parcourant cet ouvrage, j'ai eu la satisfaction de constater que les traducteurs chinois ont considéré le *Yi-king* absolument comme je l'avais fait.

Dans la préface qu'il a voulu composer lui-même, l'empereur Kao-tsong-shun (ou Kien-long) constate que les commentateurs de l'époque des Wei, des Song et des Yuen (Mongols) n'ont donné que des dissertations à perte de vue sur les figures et les nombres, mais ont entièrement négligé d'expliquer le texte, les sentences qui sont restées obscures. L'impérial préfacier a voulu les faire traduire en mandchou pour les rendre claires et intelligibles à tous. Cette traduction est donc un commentaire implicite. Or voici ce que nous y trouvons :

1° Les en-têtes des chapitres sont non point transcrits, mais traduits ; ce ne sont point des noms de kouas, mais les termes usuels du langage. Ainsi *k'ien* (kua 1) est rendu par *kulun* « principe fort, actif, impulsif, ciel, souverain » ; *kuen* (kua 2) est *dahasun* « principe réceptif, se prêtant à l'impulsion, terre » ; *t'un* (kua 3) est *jobon* « obstacle , difficulté », etc. ;

2° Il n'y a aucune espèce de relation entre les sentences et la forme des kouas ; les sentences ont leur sens par elles-mêmes sans rapport avec ce que les lignes représentent. Les termes numéraux indicatifs désignent simplement le chiffre de la ligne et sa forme pleine ou coupée. Ex. : *Sucungga uyun*[43] ; *jai ninggun, ilaci ninggun... i.e.* « première pleine, deuxième coupée, troisième coupée... », etc. ;

3° Les textes ne sont pas composés de termes isolés, sans signification d'ensemble, mais constituent en général des phrases pleines, des sentences. En outre, le sens que les traducteurs leur attribuent est partout conforme à celui que je leur ai donné ou n'est qu'une des significations possibles d'une phrase ambiguë. En voici deux exemples : (kua 1, texte 2, §1). *Butuha muduri ume baitalara* « le dragon caché-dans-la-profondeur ne peut être employé » (*litt.* : « ne l'employez pas[44] ». — §3. *Amhasa saisa inenggideri seremsheme seremsheme, yamjidari alhoshombi* « les hommes supérieurs sont vigilants tout le jour, le soir encore ils veillent à leur devoir. S'il y a même chose dangereuse (*tuksicuke bicibe*) ils seront sans faute (*endebuku akô*) ». Je ne pouvais espérer mieux, car c'est mon interprétation, mot pour mot. Ces derniers termes prouvent en outre :

---

[43] On sait que les nombres 9 et 6 représentent ces deux genres de lignes.

[44] Construction chinoise. *Muduri* n'est pas séparé de *ume* ; c'est le complément logique.

4° Que les termes d'approbation ou de blâme font souvent partie de la sentence et ne sont point de simples expressions horoscopiques. Mais c'en est assez pour cette fois. Je démontrerai prochainement l'identité des deux versions.

… TRADUCTION CH. DE HARLEZ

LE YI – KING

易經

TRADUCTION CH. DE HARLEZ

KOUA 1

K'IEN : PRINCIPE ACTIF, FORCE VITALE UNIVERSELLE.

TEXTE I

(C'est) l'origine, le progrès, l'affermissement et l'achèvement des êtres.

TEXTE II

1. Le dragon caché, enfoncé dans l'abîme, est sans action.

2. Mais il apparaît, on le voit dans les champs. Les bienfaits font voir l'homme vraiment supérieur. [L'influence de la vertu se répand au loin avantageusement. *Commentaire II.*]

3. Le sage est ainsi actif et vigilant tout le jour ; le soir même, il est attentif, veillant et ne se repose pas. S'il survient un danger, une difficulté, il n'en éprouvera

aucune suite fâcheuse. [Le sage rétablit toujours la voie de la justice, la foule et refoule sans cesse. *Commentaire II.*]

4. Le dragon se remue (saute) dans l'abîme ; c'est bien. (Le prince sage exerce son action sur le monde.) [Il se répand au-dehors et avance. *Commentaire II.*]

5. Il s'élève volant dans le ciel. Le principe actif s'élève et produit dans le ciel. [Ainsi le grand homme s'élève à la hauteur de sa mission et de ses œuvres. *Commentaire II.*]

6. S'il devient trop fort et dominant, il y aura lieu de le regretter. [Trop de bonne fortune ne peut durer si l'on n'est prudent et modéré en tout. *Commentaire II.*] Le principe actif doit céder au principe réceptif à certains moments ou bien les êtres ne se reproduiront pas.

7. Voir de nombreux dragons sans tête, c'est bonheur. [Lorsque le grand, le fort, sait être doux et complaisant, c'est un dragon sans tête ; c'est là une condition de succès et de bonheur. La hauteur, l'obstination, l'arrogance, représentées par la tête, sont des sources de grands maux. *Commentaire.*] [Les propriétés du ciel ne doivent pas toujours prédominer. *Commentaire III.*] (et étouffer toute influence de la terre ou de l'homme. La prospérité du monde dépend de la combinaison des forces de ces trois puissances) : ceci est une interpolation.

Commentaire I

Grand est vraiment le principe originaire, le *K'ien* ! Toutes choses en proviennent. Il est l'origine du Ciel et le comprend tout entier. Les nuages s'y produisent et la pluie s'en répand, tous les différents êtres en tirent leurs formes. Pour expliquer l'origine et la fin de tout, on emploie six lignes en six positions convenables (les koua). Par leur moyen, comme par un char attelé de six dragons, on parcourt le ciel (on en sonde les mystères). L'action régulière du *K'ien* est de former et de transformer les êtres. Chacun a sa nature et son emploi fixés ; ainsi il maintient l'union et l'harmonie suprêmes. Ainsi toute chose progresse, reçoit ses bienfaits et se perfectionne.

Les chefs s'élèvent au-dessus de tous et, de la sorte, les États ont paix et prospérité. Le ciel se meut et agit avec grande puissance. Ainsi le grand, le sage exerce son activité sans jamais se reposer complètement.

Explication de l'hexagramme ; symbolisme.

Ciel en action, puissance suprême. Le sage met toute sa force en action et ne se repose jamais.

KOUA 2

KWŪN : A) **PRINCIPE PASSIF, RÉCEPTIF.**

1. Terre étendue et portant ; 2. Femme, femelle ; 3. Soumission, complaisance ; 4. Support, appui. — b) *Kwun*, fermer, lier. c) *Kwun* : vêtement impérial.

TEXTE I

Kwùn : Terre recevant l'action du principe actif et portant, produisant ; femelle portant et produisant, concourant à la série des quatre actes de la vie des êtres. Le grand, en ce qu'il fait, ne doit point prévenir l'action des forces naturelles ; s'il le fait, il échouera ; s'il agit après et la suit, il réussira. S'il met son propre avantage au-dessus de tout, il pourra acquérir des amis d'un côté, mais il les perdra de l'autre. S'il cherche la paix, la concorde de toutes les puissances, il réussira et sera heureux.

TEXTE II

1. Quand on marche sur le verglas, c'est que la forte gelée arrive à son point extrême. [Cette phrase est une expression consacrée, peignant l'arrivée de l'hiver et le commencement des gelées. D'après la cosmologie chinoise, c'est le moment où le principe passif, réceptif, entre en action, commence à dominer et produit le fort hiver qui est son triomphe. — « Marcher sur le verglas » signifie aussi marcher avec prudence. — Le principe passif va ainsi du verglas à la glace. La forte gelée commençant par un fin verglas est aussi le type du principe producteur terrestre qui commence par l'atome pour produire les plus grands corps. Nous avons donc en cette phrase la plus forte expression du principe *Kwūn*, objet de la section.]

[Lorsque le principe passif commence la période de froid, suivant son cours naturel, il en vient aux fortes gelées. *Com. II.*]

2. Droite, carrée, vaste (la terre), d'elle-même et sans travail, procure toujours des biens à l'homme. [La voie de la terre est brillante, produit de grandes choses. *Com. II.*]

3. Celui qui maintient les lois (du ciel et de la terre) peut espérer le succès. [Il brillera à l'occasion. *Com. II.*]

Quand on s'applique au service du prince, si on ne le fait pas parfaitement, on devra le quitter. [Savoir se conduire est glorieux et grand. *Com. II.*]

[Bien qu'on ne le fasse pas d'abord parfaitement, on pourra réussir à la fin. *Com.*]

Note. (Ceci se rapporte au sens : soumission, docilité.)

4. (Sens *kwun*, fermé.) Sac lié, fermé, ne peut être loué ou blâmé (quant à son contenu). [La prudence évite toute injure, tout dommage. *Com. II.*] (Le sac fermé est la terre, dont le contenu est inconnu et caché. C'est aussi l'image de la prudence nécessaire à celui qui sert le prince.)

5. *Kwun*, vêtement impérial. Ou « vêtement de dessous jaune ». Figure de la terre qui est *jaune* et *sous* le ciel. [La beauté, le bel arrangement est en elle. *Com. II.*] [et se montre au-dehors. *Com.*] Le texte ajoute : Honneur, bonheur suprême.

6. Le dragon combat dans l'espace ; son sang est noirâtre et jaunâtre. (Reprise du koua précédent : le principe actif lutte dans l'immensité pour produire ; il produit le ciel qui est noirâtre et la terre qui est jaunâtre, selon la terminologie chinoise.)

(Cette phrase finale s'applique à la fois aux deux premiers koua.)

7. Le nombre six est un nombre heureux ; s'en servir assure le succès. (Phrase interpolée, expliquant l'usage des six lignes de chaque figure.)

COMMENTAIRE I

Suprême est le principe passif de la terre, tous les êtres en reçoivent leur naissance, mais il est complètement soumis au principe actif du ciel. La terre en son amplitude porte toutes choses ; sa vertu est sans limite comme (celle du ciel). Contenant immense, son éclat est grand. Tous les êtres s'y développent ensemble. L'animal femelle (la jument) à la nature de la terre ; elle la parcourt sans terme ni fin. Douceur et soumission (qui sont ses qualités) prouvent le bonheur ; le sage doit les pratiquer. Le bien résultant de la fermeté paisible et durable correspond à l'immense vertu de la terre. (La jument est passive et active comme la terre qui reçoit et produit.)

Symbolisme

Le double trigramme de la terre, la terre partout, indique la vertu caractéristique de celle-ci : supporter, entretenir tout. Le sage s'y conformant, entretient et contient tous les êtres par sa vaste vertu.

KOUA 3

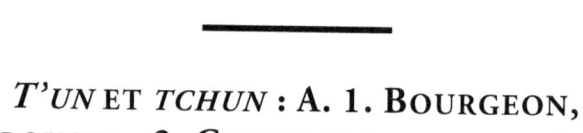

T'UN ET *TCHUN* : A. 1. BOURGEON, POUSSE ; 2. CROISSANCE, ACTIVITÉ ;

3. Grandir, avancer. — B. Difficultés, arrêté dans son avancement, échec.

TEXTE I

C'est le commencement se développant, mais non affermi, achevé ; arrêté au contraire. Par l'activité, le succès s'établit heureusement en tout ce qu'on peut faire.

TEXTE II

1. Pour s'établir solidement, il faut se maintenir en fermeté et droiture. (Pour maintenir le royaume), il est bon de constituer des chefs féodaux. Bien qu'on ait des difficultés, la volonté doit toujours s'attacher au devoir. Si, bien qu'élevé, on condescend aux besoins des petits, on s'attachera fortement le peuple.

2a. *Tchun* est comme arrêté par les difficultés, comme un cavalier dont le cheval veut reculer (ou : un cheval monté qui veut...).

6. L'avancement, arrêté comme un cheval monté qui recule, fait répandre des larmes amères et abondantes.

2b. C'est comme la jeune fille qui veut épouser un brigand ravisseur, elle doit rester inébranlable et attendre (plutôt) dix ans. (Malgré cela), elle pourra alors se marier et être mère. (Il est ici question de difficultés.) [Un équipage solide, l'enfantement après dix ans indique le retour à la prospérité, à l'avancement. *Com. II.*]

4. Si elle est demandée en mariage selon les rites, qu'elle y aille et ce sera bien. Cela lui sera avantageux. [Il en est de même de l'équipage arrêté qui reprend sa course. *Com.*]

5. Dans le développement de la sève des bourgeons, si elle se répand modérément, la croissance sera heureuse ; si elle se répand trop, le croissance sera empêchée. [Il en est ainsi si elle se répand avant d'être suffisamment riche et forte. *Com.*] [*Com. II* : « obstacle au développement : s'il est petit, l'issue peut être malheureuse ; s'il est grand, fin malheureuse. »]

3. Lorsque le gibier poursuivi s'enfonce inopinément dans une forêt profonde, le sage aime mieux l'abandonner que de s'exposer au danger. S'il l'y poursuit, il aura lieu de s'en repentir. [Il sera réduit à l'extrémité. *Com. II.*]

Note. Cette section se rapporte presque tout entière à *tchun* « difficultés entravant l'avancement, la réussite » ; 1, 2, 3, 4, 6 s'y réfèrent ; § 5 semble se rapporter aux deux mots : *t'un* et *tchun*. L'ordre originaire des phrases a été troublé ici : § 6 doit suivre 2a, et 4, 2b... ; § 6 ne semble être qu'une interpolation destinée à compléter le nombre 6. Le § 4 semble être dans le même sens. Le § 3 indique la conduite à tenir dans une difficulté imprévue.

Symbolisme

Le tonnerre sous les nuages, entravé par eux, figure les difficultés. Le sage arrange les choses selon les exigences de celles-ci. [*Com. II.*]

Commentaire I

(Les deux premiers koua ont représenté séparément les deux principes.) Ici commencent leur mélange et leurs difficultés. C'est l'activité dans ces difficultés qui mène au grand succès. Quand le Ciel envoie (un temps de) troubles et (de) ténèbres, il est bon d'établir des chefs féodaux et de ne point se livrer à la sécurité et au repos. (Ceci semble ajouté par Wuh-Wang ou Tchéou-Kong pour justifier leur conduite. Wuh-Wang créa plus de cent fiefs.)

KOUA 4

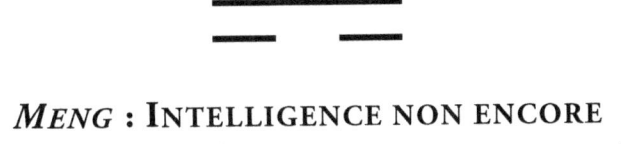

MENG : INTELLIGENCE NON ENCORE DÉVELOPPÉE ; ÊTRE NON ENCORE FORMÉ.

TEXTE I

Pour le développement (de l'intelligence) ce n'est point au maître (à venir à nous), il n'en a pas besoin, mais au disciple inexpérimenté à aller au maître. [Quand quelqu'un consulte le sort, le devin lui en dit une première fois l'oracle ; si à une deuxième ou troisième fois, on n'est pas écouté, on ne l'annonce plus, on n'enseigne plus. *Interpolation.*]

COMMENTAIRE I

L'ignorant progresse quand on le fait avancer en temps opportun ; l'entretenir et rendre bon est l'office du sage.

TEXTE II

1. Pour dissiper l'ignorance, il faut user des châtiments. [Pour maintenir les règles en vigueur. *Com. II.*] Il faut

user d'avertissements et de punitions pour écarter toute cause de regret.

2. Il est bien de se préoccuper de l'ignorant et de soutenir la jeune fille. Ainsi, ils pourront triompher de leur ignorance. [L'enfant fait durer la famille ; il faut en avoir soin. *Com. II*. Le fort et le faible doivent s'entraider.]

3. N'épousez pas une fille si elle ne considère que l'or, si elle ne se possède pas elle-même ; cela ne serait pas heureux. [Ce ne serait point agir convenablement. *Com. II.*] C'est-à-dire une fille ayant la qualité dont il s'agit n'est pas à épouser.

4. L'ignorance pauvre et abandonnée est chose funeste. [L'abandon, l'isolement tient éloignée la possession de la vérité. *Com. II.*]

5. L'ignorant, tout jeune encore, peut arriver à bien (être instruit). [Le bien de son état est la docilité, la douceur. *Com. II.*]

6. Si l'on châtie l'ignorant en le formant, on ne doit point lui faire de tort, mais au contraire l'en préserver.

SYMBOLISME

Trigramme supérieur : montagne ; inférieur : précipice ; [fermeté devant le danger. *Com. I*]

En haut : montagne ; en bas : source jaillissante. [Le sage agit avec fermeté courageuse et développe la vertu. *Com. II*]

KOUA 5

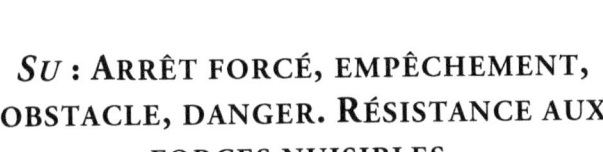

SU : Arrêt forcé, empêchement, obstacle, danger. Résistance aux forces nuisibles.

TEXTE I

L'homme droit et ferme aura un succès brillant, s'affermira, se complétera heureusement ; il saura traverser les difficultés. (*Litt.* : Le grand fleuve — les grandes eaux ; moyen de briser les obstacles, etc.)

TEXTE II

1. Obstacle, danger dans un pays désert, éloigné. Avec de l'adresse, de la persévérance et de la fermeté, on en sortira sans dommage. [(Le sage) ne veut pas briser violemment les difficultés ; il suit les principes sans faillir. *Com. II.*]

2. Obstacle, danger dans un récif, sur un banc de sable, une île qui obstrue la voie ; avec un peu de peine, on

peut en sortir. (*Siao yeu yuen* indique généralement les méchants propos.)

3. Arrêt, danger dans les terrains marécageux, fondrières. Si des voleurs surviennent, ils saisiront (les gens ainsi arrêtés). Danger extérieur ; avec prudence et circonspection on ne périra pas.

4. Danger, dans le sang, en sortant d'une caverne (d'être tué par des brigands).

5. Danger en des festins ; issue heureuse si l'on est modéré. Les banquets seront d'heureux effet si l'on y garde le milieu. [*Medium tenuere beati* ; nécessité de la modération dans les plaisirs. *Com. II.*]

6. Danger que court celui qui est entré dans une caverne. S'il survient des hommes inattendus, trois même, et qu'on les traite avec respect, le bonheur s'ensuivra. [Bien que la situation ne convienne pas, il n'y aura pas grande faute. *Com. II.*]

Note. — Ce paragraphe est interpolé : la première phrase équivaut à § 4. La seconde, « s'il survient, etc. » est du symbolisme postérieur, inspiré par la vue des trois lignes pleines des trigrammes inférieurs. Ce sont là les trois hôtes.

Symbolisme

Com. I. Su est : droiture en face du péril, fermeté inébranlable ne se laissant ni abattre ni surprendre, et dont la justice ne s'affaiblit, ne s'épuise jamais. Celui qui occupe par sa dignité la place du ciel doit maintenir la justice, la fidélité au devoir ; il pourra alors triompher des difficultés, quelque chose qu'il entreprenne.

Com. II. Su est formé du trigramme « nuage » au-dessus du trigramme « ciel ». Ce sont les nuages s'élevant dans le ciel ; ainsi le sage goûte joie et plaisir.

KOUA 6

SONG : RECOURS AU PRINCE, PROCÈS, AFFAIRES PUBLIQUES.

TEXTE I

L'homme droit les empêchera ; même en y procédant avec crainte et prudence, si le milieu en est heureux, la fin en sera funeste. On pourra aborder les grands, mais on ne traversera pas les difficultés.

COMMENTAIRE I

Un procès ne doit pas être poussé jusqu'à sa fin ; on ne triomphera pas des difficultés et l'on tombera dans un abîme. Le sage met au-dessus de tout le juste milieu et la droiture (et non le triomphe).

SYMBOLISME

I. Force au-dessus, péril au-dessous (pour le petit qui plaide) représentent les procès.

II. Le ciel (au-dessus), l'eau (au-dessous) forment le koua (d'où danger). Le sage, entreprenant une affaire délibère mûrement sur son commencement (avant de commencer).

TEXTE II

1. Si l'on se désiste (d'un procès) entrepris, bien qu'il y ait quelque bruit (à ce sujet), le résultat final sera heureux. [Si le procès ne se poursuit pas malgré les pourparlers, l'affaire s'éclaircira. *Com. II.*]

2. Si celui qui se désiste d'un procès (ou l'abandonne) retourne chez lui et cache l'affaire aux gens de son endroit, il n'en aura pas de désagréments. [Si le petit conteste contre le grand, les maux viendront comme pris à la main. *Com. II.*]

3. Celui qui succombe dans un procès doit s'amender, retourner à la justice et reprendre son calme ; alors il s'affermira heureusement.

4. D'un procès le commencement (seul) est heureux. Il conduit aux querelles, haines, etc.

5. Bien qu'on réussisse dans les affaires publiques (qu'on l'emporte en un procès) et qu'on obtienne à la Cour une distinction honorifique, celle-ci pourra être enlevée jusqu'à trois fois (ou : avant le troisième jour terminé). [Le succès final n'est jamais assuré. *Com.*]

3a. Si l'on entretient en soi les vertus des anciens, on prospérera ; la fin sera heureuse.

b. S'appliquer aux affaires du prince ne suffit pas pour faire l'homme parfait. [L'un et l'autre sont choses heureuses (a et b). *Com. II.*]

KOUA 7

SZE : CHEF ; TROUPES, ARMÉE ; PEUPLE, FOULE.

TEXTE I

Le chef expérimenté (âgé) est heureux et ne commet pas de fautes.

COMMENTAIRE I

Sze est « le peuple ». La droiture ferme rend bon. Par elle on peut rendre le peuple bon ; par elle, on peut exercer le pouvoir souverain. Agissant ainsi, le fort atteint son but, et s'exposant même au péril dans des expéditions guerrières, il pourra ravager (conquérir) le monde. Le peuple le suit et il réussit. Comment en aurait-il du regret ?

SYMBOLISME

« Eau sous terre, eau au milieu de la terre. » Se conformant à cette image, le grand entretient le peuple (comme l'eau entretient les produits de la terre) et forme l'éducation de la foule.

TEXTE II

1. Si une armée fait la campagne selon les règles (la justice et l'art militaire), tout lui réussira. Ou bien : que l'armée se mette en campagne selon les règles... ou il lui arrivera malheur. Sinon, il arrivera malheur. [Si elle viole les règles de la justice et de l'art militaire, elle aura un sort malheureux. *Com.*]

2. Si le roi est au milieu de ses troupes, tout ira bien et il ne se commettra pas de faute. Le chef doit répéter ses ordres jusqu'à trois fois, pour s'assurer d'être bien compris.

3. Qu'une armée ait plusieurs chefs, c'est une chose funeste. Les assistants du chef doivent le suivre et lui obéir sans commettre de faute. [Un commentaire (*Yih pi tchi neng Kiai*) explique ceci autrement : l'armée (en présence des difficultés qui s'opposent à sa marche) doit céder et s'arrêter pour éviter toute faute.]

4. Si l'armée se trouve dans un pays à gros gibier, elle fera bien de le chasser et de le prendre (pour subvenir à sa subsistance). Ou bien : elle fera bien de prendre les ordres du chef pour ne pas faire de ravages inutiles.

5. Si le roi ne commande pas en personne, le fils aîné doit conduire l'armée ; si ce sont les fils cadets qui

commandent, comme ils sont plusieurs, il y aura (division), faute et insuccès.

6. Un grand prince qui a obtenu le mandat céleste crée heureusement un puissant État et donne la stabilité à sa dynastie. Un homme ordinaire ne sait pas y réussir (ne doit pas être employé).

KOUA 8

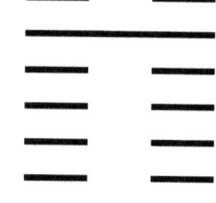

Pî : UNION, HARMONIE, RAPPROCHEMENT, AIDE.

TEXTE I

Union, chose excellente, commencement heureux que l'on doit porter à sa perfection, sans faillir. Si l'on n'obtient pas la paix, la concorde, il en adviendra ultérieurement de grands maux.

COMMENTAIRE I

Pî est « concorde, secours ; le petit suivant le grand avec soumission ». Si, le puissant étant à sa place, la concorde n'en résulte pas, la loi morale dépérira.

SYMBOLISME

C'est l'eau par-dessus la terre figurant la concorde. C'est l'eau qui pénètre la terre et s'y unit sans laisser aucun intervalle. Animés de cet esprit, les anciens rois consolidaient leurs États et s'attachaient les princes.

TEXTE II

1. À l'homme sincère, on s'unit aisément. L'homme droit et ami de la concorde doit être plein de cet esprit comme un vase de terre rempli (de vin ou de fruits). Il lui en viendra toujours de nouveaux avantages.

2. Si l'amour de la concorde provient du cœur, elle s'établira heureusement. [Elle ne faiblira pas de soi-même. *Com. II.*]

3. S'unir à quelqu'un qui ne le mérite pas est une source de maux. [Il en résultera du dommage. *Com. II.*]

4. Être uni à celui qui nous est supérieur est chose heureuse. [S'unir aux sages ; suivre les grands est bien. *Com.*]

5. (Modèle d'une union parfaite). Le roi chasse en trois saisons ; chaque fois, il permet que le gibier en vue lui échappe.

Note : Le gibier étant concentré en un parc fermé, on ouvre un côté pour qu'un certain nombre d'animaux puissent échapper aux flèches ; le peuple, sachant cela, les laisse fuir et le peuple ne l'avertit pas (de sa fuite du parc) parce qu'il sait que le roi le fait exprès par bonté.

[Cela prouve que le roi a instruit et formé ce peuple parfaitement. *Com. II.*]

6. S'unir à ceux qui ne reconnaissent pas leur chef, ne lui sont pas soumis (ou s'unir sans reconnaître un chef), est chose mauvaise. [Il ne peut en naître rien de bon. *Com. II.*]

KOUA 9

SIAO TCHU : PETIT ENTRETIEN ; ÉDUCATION, CORRECTION ; ARRÊT.

TEXTE I

L'entretien, l'éducation est comme un gros nuage venant sans pluie des contrées occidentales et contribuant au développement des êtres.

COMMENTAIRE I

Le peuple est entretenu quand la bonté occupe le pouvoir et que grands et petits s'y accommodent entre eux. Avec bonté ferme chez les uns et soumission chez les autres, la puissance atteint son but, les desseins utiles s'exécutent. La figure du premier texte représente la prospérité comme le nuage avançant mais non encore répandu largement.

TEXTE II

1. Restaurer sa nature est la loi de la raison ; elle est sans erreur, c'est une source de bonheur.

2. Exhorter, amener à cette correction est une œuvre excellente ; cela est le juste milieu qui ne peut faillir de soi-même.

3. Comme un char dont les roues sont détachées (ne peut marcher), ainsi le mari et l'épouse qui, détournant leurs regards l'un de l'autre, ne vivent pas en concorde, ne pourront affermir leur maison.

4. Chez l'homme sincère le sang jaillit (les bons sentiments se font jour). Le respect se manifeste. Les supérieurs s'unissent à lui de sentiments.

5. L'homme droit et sincère s'attache les autres et communique ses biens à ses voisins. [Il n'est pas riche pour lui seul. *Com. II.*]

6. Comme après une pluie tout est remis en bon état, ainsi la vertu encouragée se parfait. Une femme, même accomplie, peut être surexcitée et difficile, comme la lune sur le point d'être pleine. [Le sage doit corriger les défauts et les fautes, quand il y a quelque vice. *Com. II.*]

SYMBOLISME

Le vent soufflant au-dessus du ciel. Ainsi le grand et sage élève et fait briller la vertu.

KOUA 10

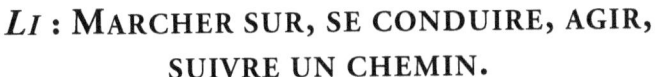

LI : MARCHER SUR, SE CONDUIRE, AGIR, SUIVRE UN CHEMIN.

TEXTE I

L'homme qui sait marcher sur la queue d'un tigre sans le faire crier réussira.

COMMENTAIRE I. SYMBOLISME

Ciel au-dessus d'une eau stagnante. C'est la faiblesse, la douceur soumise marchant sur la force ; la joie répondant à la force. C'est le fort juste et modéré occupant la dignité souveraine ; exempt de faute, il est glorieux et brillant. Le grand et sage distingue le haut et le bas et donne satisfaction assurée aux désirs du peuple.

TEXTE II

1. Quand on se conduit avec droiture, on va sans commettre de faute. [Une conduite droite et pure est seule approuvable. *Com.*]

2. Quand on suit la voie de la morale, on marche sur un terrain égal et facile ; l'homme paisible et retiré s'affermit heureusement. [Gardant le milieu, il ne tombe pas dans le désordre. *Com. II.*]

3. L'homme privé d'un œil peut encore voir ; boiteux, il peut encore marcher, quoique mal. Si dans cet état d'imperfection corporelle, on marche sur la queue d'un tigre (on fait un faux pas), on sera mordu, il en arrivera malheur. L'homme de guerre même peut faire un grand prince, s'il suit la bonne voie. [Il réussira si sa volonté est énergique. *Com. II.*]

4. Si même on est exposé à marcher sur la queue d'un tigre (à de grandes difficultés) et que l'on agisse avec une crainte prudente, l'issue finale de l'entreprise sera heureuse. [On atteindra le but. *Com. II.*]

5. Si l'on marche avec fermeté, le progrès sera fort et solide (sera poussé en avant). [Si la position est gardée convenablement. *Com. II.*]

6. Si l'on a les yeux ouverts sur sa propre conduite et que l'on fasse attention aux pronostics, tout l'ensemble des actes sera spécialement heureux. — Quant aux chefs, il y aura lieu de les louer hautement.

KOUA 11

T'AI : UNION, PÉNÉTRATION ; LIBÉRALITÉ, GÉNÉROSITÉ.

TEXTE I

Le petit va au grand ; le grand va au petit ; de là heureux développement des choses. (La matière va à la force ; la terre au ciel ; les petits vont vers les grands.)

COMMENTAIRE I

1. Quand cette pénétration réciproque s'opère, le ciel et la terre s'harmonisent et tous les êtres se produisent. Le haut et le bas s'harmonisent et leurs intentions et fins sont identiques.

2. Le trigramme inférieur représente le principe actif et le trigramme supérieur, le principe passif. Le premier figure la puissance constitutive et le grand ; le second représente la soumission, la réceptivité et le petit, l'homme vulgaire.

La voie du grand s'élève ; celle du petit est pleine de tristesse et silencieuse.

TEXTE II

1. (Image de l'union.) Les plantes dont les racines s'entremêlent ne peuvent être arrachées l'une sans l'autre (ainsi l'union multiplie les forces).

2. Si l'on supporte la rudesse des autres (pour rester unis) et que, s'étant éloigné (*litt.* : ayant passé le fleuve, *hô*), on n'oublie pas ceux qui sont restés en arrière, que l'on traite amicalement ces égaux (*pih*) ; grâce à cette union, on se maintiendra glorieusement dans la voie du milieu.

3. Sans surface plane, point de déclivité ; sans allée, point de retour. Les difficultés dont on se garde n'ont point d'effet funeste et ne donnent point lieu de regretter une conduite droite ; la félicité s'ensuivra. [La première phrase représente les rapports du ciel et de la terre. *Com. II.*]

4. Celui qui est flottant et peu ferme dans sa droiture ne gagnera pas ses voisins par ses richesses et ne deviendra pas digne de confiance, par cela seul qu'il aura été averti (union empêchée par des défauts).

5. Ti-Yi, mariant sa jeune sœur, assura la prospérité, un succès supérieur (l'union des époux). [Il assure la réalisation de ses désirs, en restant juste. *Com. II.*]

Note : Ti-Yi est donné comme l'avant-dernier souverain des Shang-Yin. Il prescrivit que les princesses impériales, mariées à des grands de moindre rang, perdraient leur qualité princière. Il assura ainsi leur soumission à leurs époux et la bonne harmonie du ménage.

6. Les murs d'une ville tomberont dans la boue, si elle n'a pas un chef (qui maintienne l'union) : elle se fait alors elle-même son sort et n'aura que honte à attendre. [Ainsi l'ordre qui doit y régner, se trouble. *Com. II.*]

SYMBOLISME

T'ai exprime les rapports, la pénétration réciproque du ciel et de la terre. Le prince, par sa puissance, complète les actes réguliers du ciel et de la terre ; aidant, assistant leurs convenances, il soutient en même temps le peuple.

KOUA 12

P'ī : 1. Opposition, fermé ; 2. Nuisance, méchanceté ;

3. Blâmer ; 4. Exclamation ayant un sens négatif.

TEXTE I

Le méchant ne réussit pas, le sage prospère ; le grand va, le petit vient à lui. (Exemples d'opposition.)

Commentaire I

P'ī désigne le méchant. Quand *p'ī* domine, le ciel et la terre sont sans rapport, les êtres ne se produisent pas. Quand le haut et le bas sont désunis, l'empire est sans gouvernement digne de ce nom.

Symbolisme

L'obstacle aux relations du ciel et de la terre forme *p'ī*. En ce cas, le sage restreint son action et évite les difficultés. Les sages ne tirent pas d'honneur de leurs émoluments ; ils retiennent leurs vertus en leur cœur.

TEXTE II

1. Les plantes dont les racines sont entremêlées (résistent et) ne peuvent être arrachées l'une sans l'autre. (Voir Koua 11, texte II, I). [Ceci concerne les princes. *Com. II.*]

2. Si par la patience et la constance l'homme vulgaire même réussit, l'homme supérieur ne le pourrait-il pas ? [Il ne troublera pas le peuple. *Com. II.*]

3. La patience fait avancer. [Mais il ne convient pas que l'on avance en dignité, uniquement parce qu'on supporte patiemment les oppositions et méchancetés. *Com. II.*]

4. Quand on a pour soi le décret du ciel, on réussira certainement ; les champs mis en ordre prospéreront (malgré les oppositions, etc.). [Les désirs s'accompliront. *Com. II.*]

Note : Ces deux paragraphes 3 et 4 sont la suite de 2 et n'ont été séparés que pour avoir le nombre 6.

5. *Heū-p'ï*. Faisant cesser les oppositions méchantes, l'homme supérieur prospérera, ses amis seront comme entourés de branches luxuriantes de laurier. Le bonheur de l'homme supérieur est dans une fonction exercée avec justice et convenance.

6. *King-p'i*. Détruire, renverser les obstacles et nuisances. On fait succéder ainsi la joie, la satisfaction. Avant peine, après plaisir (dicton populaire). [Si les obstacles cessent, étant abattus comment pourraient-ils durer ? *Com. II.*]

Note. Nous avons ici un exemple d'obstacles, § 1 ; le moyen de les vaincre, §§ 2, 3, 4, et trois expressions dans lesquelles entre le mot *p'i*, 2, 5, 6.

Symbolisme

La position des trigrammes figure la voie du petit s'élevant ; celle du grand s'abaissant.

KOUA 13

T'ONG : UNION, HARMONIE.

TEXTE I

Si les hommes vivent en concorde dans un pays, il prospérera ; on y traversera les grandes difficultés. Le sage atteindra aisément sa perfection.

COMMENTAIRE I

Nous voyons ici l'effet de l'action du ciel. La force mêlée d'habileté et de perspicacité, observant la justice. Ainsi l'homme supérieur est bon et juste, et pénètre la pensée de tout ce qui est sous le ciel. Ainsi règne l'union.

TEXTE II

1. Unis, à la maison, les hommes ne commettent pas de faute. [S'ils en sortent même (restant tels), ils n'encourront pas de blâme. *Com. II.*] (Effets de l'union domestique.)

2. L'union d'hommes par cabale est chose très funeste et dont on aura à se repentir. [C'est la voie du regret. *Com. II.*]

3. (Moyen de garder l'union.) Cacher ses armes tout en restant vigilant (sur son élévation) et ne point les relever de longtemps (*litt.* : trois ans). [Agir toujours pacifiquement. *Com. II.*]

4. Bien que monté dans une forteresse, le bon prince ne cherche pas à dominer par la force (la violence et les attaques) ; son gouvernement sera heureux. [Dans les difficultés mêmes, il retourne à la justice. Il se retire en sa forteresse quand le droit ne règne pas. *Com. II.*]

5. L'union fait succéder la joie aux pleurs. Par elle l'armée du prince a triomphé (elle rentre triomphante), on va à sa rencontre, les peuples se soumettent. L'homme de concorde met au-dessus de tout la modération et la justice. [Ses adversaires mêmes reviennent à lui en esprit de paix. *Com. II.*]

6. L'union s'étendant dans les parties même les plus éloignées du pays dissipera toute peine, toute cause de regret.

SYMBOLISME

La bonté, obtenant les dignités, gardant le milieu et s'accordant avec le ciel, forme le *T'ong yin*. Le feu sous le ciel forme l'hexagramme. Par leur vertu, le sage connaît la nature des choses et en saisit le tout harmonique (*Shan y erh tchi t'ong*). Le feu éclaire le ciel, le fait connaître.

KOUA 14

TÁ : GRAND, GRANDEUR, GRANDIR, DÉVELOPPEMENT.

TEXTE I

Grandeur, commencement développé.

COMMENTAIRE I

La vraie grandeur, c'est la bonté possédant les honneurs ; le grand gardant le milieu, et petits et grands restant en harmonie. Force et fermeté avec habileté et intelligence forment sa vertu. Il est d'accord avec le ciel, agit à son temps et prospère grandement.

TEXTE II

1. L'homme vraiment grand n'a pas de rapport avec les méchants et, bien qu'il rencontre des difficultés, il ne commettra pas de faute.

2. (Grandeur matérielle, ses avantages.) Ce qu'on transporte dans un grand (*tâ*) chariot, quelque part qu'on aille, arrivera sûrement. [Ce qu'on y entasse ne subira pas de dommage. *Com. II.*]

3. La grandeur est le partage des seuls Kongs. Eux seuls peuvent faire des dons convenables au Fils du Ciel. Un homme inférieur ne le peut pas. L'homme vulgaire blesserait (le Fils du Ciel s'il s'avisait de lui faire un don).

4. L'homme grand ne commet pas de faute concernant ce qui ne lui appartient pas [n'est pas son droit. *Com.*]. [Il le distingue clairement. *Com. II.*]

5. Le grand apporte toute sincérité dans ses rapports ; majestueux et grave, il est heureux. Il exprime sincèrement ses pensées. [Il est cru en ce qu'il dit ; même quand il change d'avis on a confiance en sa sagesse. *Com. II.*]

6. Il reçoit le secours du ciel. Tout tourne à son avantage.

Symbolisme

Le Koua représente le feu au-dessus du ciel. Ainsi l'homme supérieur réprime le mal, répand le bien et se conforme en tout au décret du ciel.

KOUA 15

K'IEN : RESPECT, CONDESCENDANCE, BIENVEILLANCE, MODESTIE.

TEXTE I

Si cette vertu grandit en lui, le sage aura un heureux sort.

COMMENTAIRE I

La règle du ciel est de répandre en bas ses bienfaits et de faire briller la lumière ; celle de la terre est de porter son activité de bas en haut. La voie du ciel est de dépouiller l'arrogant et de combler l'humble de biens. Celle de la terre est de renverser la fortune du superbe et de faire surabonder l'humble. Les Esprits abattent l'orgueilleux et favorisent l'humble. La voie de l'homme est de haïr le superbe et d'aimer l'humble. La modestie honorée brille ; abaissée, elle ne prévarique point. C'est la fin suprême du sage.

SYMBOLISME

L'hexagramme représente la terre ayant sous elle une montagne. Ainsi l'homme supérieur diminue l'abondant et augmente ce qui est en indigence et, arrangeant proportionnellement toutes choses, il établit la paix et répand ses faveurs.

TEXTE II

1. Là où l'on respecte le sage, on sortira heureusement des difficultés. [On doit se maintenir par l'abaissement de soi-même. *Com. II.*]

2. Le respect qui se manifeste au-dehors est du plus heureux effet [quand il est établi au milieu du cœur. *Com. II.*].

3. Le sage diligent et respectueux sera heureux jusqu'à la fin. [Tous se soumettront à lui. *Com. II.*]

4. Il est toujours avantageux d'agrandir son respect, sa modestie et de ne point passer la mesure de la modération.

5. Même sans richesse on sera aimé et aidé de ses concitoyens, si l'on est respectueux et bienveillant. Mais, à l'égard des insoumis, il est bon d'user de la contrainte et des armes même.

6. Si la bonté n'est pas comprise, on doit alors mettre ses troupes en mouvement et châtier les villes et les États. [Si la bonté ne réussit pas. *Com. II.*]

Note. C'est une suite du § 5, séparée pour avoir les six paragraphes obligés.

KOUA 16

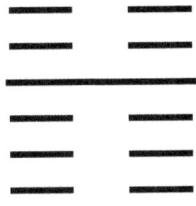

YÚ : 1. DIGNITÉ, MAJESTÉ ; 2. AISE, SATISFACTION, JOUISSANCE.

TEXTE I

La dignité fera établir avantageusement les chefs féodaux et conduire les armées. (Un prince plein de dignité y réussira.)

COMMENTAIRE I

La puissance forte, qui fait triompher convenablement ses volontés et agit avec condescendance, a la vraie majesté. La condescendance est semblable à celle du ciel et de la terre ; elle agit comme eux. Comment ne pourrait-elle pas établir solidement ses vassaux et guider ses troupes ? Le ciel et la terre agissent avec condescendance. Aussi le soleil et la lune ne s'arrêtent point et les quatre saisons ne sont point troublées dans leurs cours. L'homme grand et sage agit de même ; aussi ses lois et châtiments sont justes et le peuple se soumet. C'est une chose bien grande que la dignité noble.

TEXTE II

1. Une dignité qui se manifeste bruyamment (ou bien : une jouissance bruyante, 2e sens) est chose funeste. [La volonté s'épuise. *Com. II.*]

2. La jouissance qui s'appuie sur le roc aura bientôt d'heureux succès.

3. Si quelqu'un porte des yeux cupides sur les jouissances et s'y attarde, il aura à s'en repentir.

4. Par la dignité, on acquiert la grandeur, de grands biens, qu'on n'en doute pas. Les amis viendront nombreux et pressés. [Les désirs s'accompliront complètement. *Com. II.*]

5. Le plaisir est une maladie chronique qui se perpétue et grandit bien qu'on n'en meure pas.

6. Si celui qui est livré aux jouissances se corrige complètement, il évitera les maux qui en sont la suite. [S'il continue, cela ne pourra durer. *Com. II.*]

SYMBOLISME

Le koua est formé par le tonnerre sortant de la terre avec fracas. Les Anciens faisaient leur musique en conséquence et honoraient la vertu. Offrant leurs adorations suprêmes à Shang-ti, ils faisaient des libations à leurs ancêtres.

KOUA 17

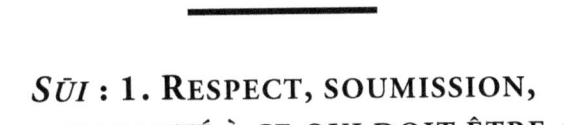

SŪI : 1. RESPECT, SOUMISSION, CONFORMITÉ À CE QUI DOIT ÊTRE ;

2. Complaisance ; 3. Fidélité au devoir ; 4. Conséquemment, en ce cas.

TEXTE I

Cette vertu fait parcourir heureusement les quatre stades de l'existence (voir Koua 1) sans défaillance ni erreur.

Le fort cédant au faible, l'action dans la satisfaction constituent *sūi*.

COMMENTAIRE I

Le succès en est grand ; le monde a, par elle, tout en son temps. L'importance d'agir conformément aux besoins des divers temps est des plus grandes.

SYMBOLISME

Cet hexagramme est formé du tonnerre sous une eau stagnante. Le sage à l'approche des ténèbres (de la nuit ou de l'orage) rentre chez lui tranquillement et se tient en repos.

TEXTE II

1. Le magistrat, s'il a commis des fautes et les corrige, sera heureux. Dans ses rapports avec les hommes, au-dehors, il acquerra les mérites par sa belle conduite.

2. S'il fréquente les jeunes gens et laisse de côté les gens âgés (et sages), il n'est pas digne qu'on ait des rapports avec lui.

3. S'il fait le contraire, *en ce cas* (4ᵉ sens, *sūi*) il arrivera au bien, à la position désirée ; il restera ferme et droit, sa pensée abandonnera toute bassesse.

4. Ce qu'on obtient par complaisance (blâmable) est d'un profit funeste ; quand on est sincèrement droit et qu'on reste dans la voie de la vérité, on acquiert de grands mérites. [Quel regret pourrait-on craindre ? *Com. II.*]

5. La conduite droite, se tenant toujours à ce qui est bon, donnera le succès. [Il en sera ainsi de l'homme en fonction gardant toujours le milieu. *Com. II.*]

6. Quand le lien de l'attachement et de la soumission (chez les sujets) est fort, le roi peut offrir des sacrifices sur les montagnes de l'ouest. Il peut communiquer avec

les Esprits ; l'union entre les hommes et les Esprits est alors parfaite. [Les sacrifices sont exaucés. *Com.*]

KOUA 18

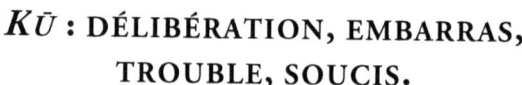

KŪ : DÉLIBÉRATION, EMBARRAS, TROUBLE, SOUCIS.

TEXTE I

La délibération, chose éminemment utile, fera triompher des difficultés. On doit délibérer trois jours avant d'agir ; puis trois jours après (sur les conséquences).

COMMENTAIRE I

Si l'on délibère sagement, le monde sera bien gouverné. Quand on va à une affaire, on doit délibérer trois jours avant et trois jours après.

SYMBOLISME

C'est le vent sous la montagne. Le fort au-dessus, le petit au-dessous ; soumission chez l'un, droiture ferme chez l'autre ; c'est ce que représente le Koua *kū*. Aussi le grand doit encourager le peuple et développer les vertus.

TEXTE II

1. Fils qui prend en considération les soucis (*kŭ*) de son père et y pense, ne commettra point de faute. [Les difficultés auront pour lui une solution heureuse s'il considère tout avec soin. *Com. II.*]

2. Celui qui considère les soucis de sa mère [gardera le juste milieu. *Com. II.*]

Note. Le texte dit le contraire mais il doit être altéré ; une négation en est tombée, comme le prouvent les commentaires. Le § 3 doit être joint à § 2, et § 5 à 1.

3. Il n'aura jamais grande faute à regretter, ni grand reproche à subir [et cela jusqu'à la fin. *Com. II.*]

4. S'il a une indulgence funeste (pour les défauts de son père) et craint de le troubler (par des remontrances respectueuses), il en aura du regret.

5. Le fils qui fait état des soucis de son père méritera des louanges [par ses vertus. *Com. II.*]

6. Quand on ne veut pas servir le souverain ni les princes, c'est qu'on a trop de souci de ses propres affaires et qu'on ne veut s'occuper que d'elles. Les visées doivent être modérées.

KOUA 19

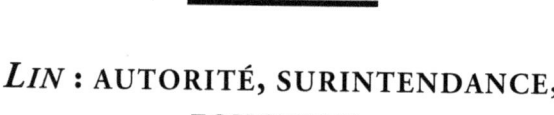

LIN : AUTORITÉ, SURINTENDANCE, FONCTION.

TEXTE I

L'exercice de l'autorité ne sera pas huit mois sans désagrément.

COMMENTAIRE I

L'autorité ferme grandit peu à peu. Bonne et complaisante, elle gardera le milieu et observera ses devoirs. Par la ferme droiture on obtiendra grand succès ; c'est la voie du ciel. Au bout de huit mois, il pourra survenir quelque mal ; mais il ne durera pas (si l'on est sage).

SYMBOLISME

La terre au-dessus des eaux stagnantes. Le sage instruit sans se relâcher ; il forme et protège le peuple sans y mettre de bornes.

TEXTE II

1. L'autorité procédant avec sentiments de concorde est une cause de succès certain. [Elle atteindra son but sûrement. *Com. II.*]

2. Si elle agit ainsi, les avantages en résulteront certainement.

3. Se plaire au pouvoir pour lui-même est sans autre avantage et agrément. Si on rejette ce vain sentiment, on exercera l'autorité heureusement.

4. La suprême autorité doit être sans défaillance [exercée convenablement. *Com. II.*]

5. Savoir bien exercer l'autorité est nécessaire au grand prince et chose très heureuse. [Le prince doit suivre la voie du milieu. *Com. II.*]

6. L'autorité généreuse et sincère est une source de bonheur sans ombre (sans cause de regret). [Ces dispositions doivent se maintenir dans le cœur. *Com. II.*]

KOUA 20

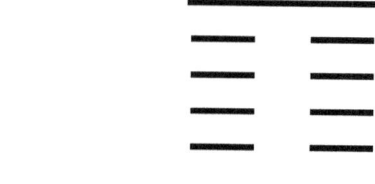

KWÈN : 1. REGARDER, CONTEMPLER, REGARD ;

2. Apparence extérieure, maintien ; 3. Gravité, dignité.

TEXTE I

Maintien, gravité comme celle de quelqu'un qui est purifié et prêt à offrir le sacrifice et ne fait point l'offrande ; il est plein de droiture, de dignité sévère.

COMMENTAIRE I

Id. Les inférieurs le contemplent et se modèlent sur lui. Contemplant la voie spirituelle du ciel et les saisons (se succédant) sans changement, le saint s'y conforme et établit en conséquence son enseignement.

TEXTE II

1. (Emploi des divers sens de *kwēn*) : I. Un jeune garçon regardant ; maintien du jeune garçon ; non blâmé chez un homme vulgaire ; digne de blâme chez un *Kiun-tze* (homme élevé et sage). [C'est la manière de l'homme vulgaire. *Com. II.*]

2. Regarder, épier d'une porte entrouverte ; ce qui est bon pour une femme. Mais cela peut attirer la honte. [Regarder une femme, d'une porte ouverte. *Com. II*]

3. Regarder sa propre vie (pour diriger) ses actes (ses allées et venues), [afin de ne pas perdre la voie droite. *Com. II*].

4. Venir contempler la majesté de l'empire ; être un heureux hôte du Souverain. [(Se dit d')un hôte illustre. *Com. II*]

Note. Expression consacrée pour dire : faire visite au souverain, en parlant d'un chef féodal.

5. Contempler sa propre vie. Le *Kiun-tze* est par là sans reproche. [Regarder le peuple. *Com. II*]

Note. Le transformateur du texte a dû multiplier les paragraphes pour en avoir six. Il faut effacer § 5 et 6.

6. Contempler sa vie ; le *Kiun-tze* est par là sans reproche.

SYMBOLISME

Vent passant, soufflant sur la terre. Les anciens rois observaient (les caractères) des lieux et du peuple pour établir leur enseignement.

Le grand observateur (figuré par le trigramme du vent) se tient en haut lieu ; l'homme bienveillant et conciliant (représenté par le trigramme de la terre) se tient au milieu pour inspecter, contempler le monde. [*Com. I, initio.*]

KOUA 21

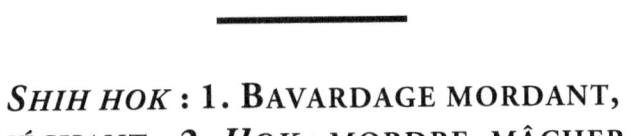

SHIH HOK : 1. BAVARDAGE MORDANT, MÉCHANT ; 2. *HOK* : MORDRE, MÂCHER.

TEXTE I

Si ce parler méchant se développe, il produira querelles et procès.

COMMENTAIRE I

Shih « mordre » veut dire qu'on a quelque chose entre les dents.

SYMBOLISME

Tonnerre et éclair forment le troua. Les anciens rois, en montrant les châtiments, établissaient fermement les lois. Le fort et le faible ayant leurs places distinctes et agissant avec intelligence, c'est le tonnerre et l'éclair unis et brillant ensemble. Le faible est en dessous et agit vers le haut.

TEXTE II

1. Si (le bavard méchant) a les pieds pris dans les bois et les oreilles coupées, cela évitera les maux. [S'il ne peut marcher, *puh hing. Com. I.*]

2. Si on lui mord les chairs et coupe le nez, c'est bien. [On doit user de violence. *Com. II.*]

3. Mordre de la viande sèche et dure et rencontrer des malveillants, c'est peu de chose si l'on ne fait rien de blâmable. (I. e. avoir des difficultés et des peines, être décrié est un moindre mal que de faire des choses blâmables.)

4. Celui qui ronge les os pour manger la viande séchée acquerra des flèches d'or (aura le prix, le bonheur). Les difficultés lui seront avantageuses, il grandira et s'affermira heureusement.

5. Il acquerra de l'or pur ; bien que son avancement se fasse au milieu des périls, il ne faiblira pas. Il obtiendra une récompense convenable (suite du § 4 séparée pour faire nombre).

6. Les pieds aux fers et les oreilles coupées, châtiment terrible n'est-ce pas ? Mais (le méchant calomniateur) entend (ces menaces) et ne comprend pas. *Com. II.* (Suite du § 1 séparée pour avoir six paragraphes.)

KOUA 22

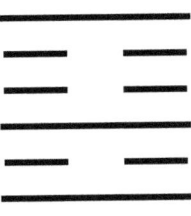

PI : 1. ÉCLAT, RAYON, ORNER ; 2. EXERCER, RENDRE FORT.

TEXTE I

L'éclat, même développé, s'affermit peu généralement, quoi qu'on fasse. (La gloire, la fortune ne sont pas durables.)

COMMENTAIRE I

L'art et l'intelligence forment la beauté, l'éclat de l'homme. C'est d'après l'ordre du ciel que nous envisageons les changements des saisons. C'est d'après le beau humain que nous formons et perfectionnons le monde.

TEXTE II

1. On fortifie ses pieds, on les orne en quittant son char et allant à pied (par vertu). *Com. Kang teh.*

2. (Autre exemple du mot.) Orner, arranger sa barbe, la mettre en ordre, la rendre belle et luisante. Image du bel arrangement, de la vertu.

3. Ce qui est bien en ordre (*pi*) et bien disposé intérieurement aura un développement constamment heureux, ne subira aucun tort (*pi*).

4. Belle, simple comme un griffon blanc, la jeune fille n'épousera pas un ravisseur, un brigand [mais restera sans tache. *Com. II.*]

5. L'éclat (*pi*) qui orne le haut des montagnes et des collines est d'abord mince comme un rouleau de soie jaune (à l'aurore), mais il finit par répandre la lumière et la joie. (Peinture de l'aurore, d'un bonheur naissant.)

6. Le rayon (*pi*) blanc est complet et parfait (n'excède en rien). [Il retourne à la racine de la lumière et est sans couleur spéciale. *Com.*] ; [c'est le terme suprême. *Com. II.*] (C'est la lumière fondamentale essentielle ; sans teinte ni nuance spéciale.)

SYMBOLISME

Le feu sous une montagne forme le koua. Le sage fait briller tous les principes, mais ne croit pas pouvoir trancher toutes les discussions.

KOUA 23

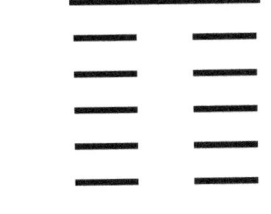

POH : OPPRIMER, RENVERSER, TRAITER DUREMENT.

TEXTE I

Traiter durement ne réussit en rien.

SYMBOLISME

Montagne (pesant) sur la terre figure l'oppression. C'est aussi le grand affermissant le petit pour donner sécurité à son propre domaine. (Quand les sujets sont en sécurité, ils travaillent, restent en paix et font prospérer le domaine.)

COMMENTAIRE I

Poh, renverser, abattre. Le petit (parfois) renverse le fort ; l'homme vulgaire grandit. On cède devant lui, mais on cherche à l'arrêter.

Considérant la forme du koua, le sage fait une attention particulière aux successions d'accroissement et de décroissance des êtres, de plénitude et de dépouillement (vide), — semblables aux mouvements du ciel (tels que l'hiver succédant à l'été, la nuit au jour, etc.).

TEXTE II

1. *Poh*, « renverser, faire crouler » son lit en en brisant un pied et le détachant ainsi (suites funestes). [C'est le grand, le prince qui se nuit à lui-même en appauvrissant, affaiblissant son peuple. *Com.*]

2. *Id.*, renverser son lit en en brisant la forme ; ruine, issue destructive. C'est celui qui se perd lui-même en perdant ses auxiliaires ; un roi, ses ministres ; un grand, ses employés et amis. (Dicton.) [Il n'aura pas de compagnons. *Com. II.*] C'est la ruine s'étendant, gagnant le haut.

3. Renverser, faire crouler quelque chose sans suite regrettable. C'est quand on le fait légitimement et pour bonnes raisons. C'est que cela atteint également grands et petits (ou abandonne). *Com. II.*

4. Renverser son lit en s'écorchant, en se nuisant à soi-même, destruction certaine, calamité proche. *Com. II.* Suite de la gradation, en renversant on se blesse.

5. Le prince généreux envers les gens du palais (*litt.* : qui enfile des poissons pour en faire présent), en retirera des avantages certains.

Peut-être devrait-on admettre déjà ici l'élément figuratif et symbolique, et voir dans l'hexagramme la figure du prince (ligne pleine supérieure) au-dessus de ses officiers rangés comme des poissons séchés et traduire : avoir des officiers comme des poissons enfilés. Alors, il s'agirait de *p'o*, gens du palais.

6. Fruit tout formé qu'on ne mange pas (bien acquis qui se détruit). Le sage, l'homme supérieur conquiert la terre (ou acquiert un char, le peuple qui le porte sur ses bras) ; l'homme bas et vulgaire fait crouler (*poh*) jusqu'à sa demeure (le fruit formé qu'il ne peut manger). [Il ne pourra plus en user. *Com. II.*]

KOUA 24

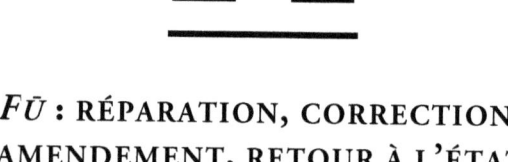

Fŭ : RÉPARATION, CORRECTION, AMENDEMENT, RETOUR À L'ÉTAT ORIGINAIRE.

TEXTE I

Si dans ses rapports, ses actes, on n'offense pas, les amis viendront et l'on ne faiblira pas. Si l'on corrige sa conduite dans ses actes journaliers, pendant sept jours, on réussira dans tout ce qu'on entreprendra.

COMMENTAIRE I

Se corriger est chose heureuse quand on s'amende fermement. Il en arrivera comme il est dit au texte, si l'on agit avec condescendance et soumission aux règles. Se corriger, comme il est dit, est la manière d'agir du ciel. On réussira ; la force, la fermeté grandira. En cela ne voyons-nous pas le cœur du ciel et de la terre ?

TEXTE II

1. Celui qui s'amende promptement, qui se repent sans résistance sera spécialement heureux. (Ou : le prompt amendement, le repentir sans résistance est suprêmement heureux.) [S'il s'amende et se réforme. *Com. II.*]

2. Renoncer au mal et se corriger est chose excellente. [Ainsi l'on cède à la vertu. *Com. II.*]

3. L'amendement fort et persistant, même au milieu des difficultés, évitera tout mal. [En suivant le droit. *Com. II.*]

4. Celui qui suit le chemin du juste milieu est le seul qui sache restaurer sa nature. [Il suit la droite raison. *Com. II.*]

5. L'amendement généreux est sans regret ; [il se règle selon le juste milieu. *Com. II.*]

6. L'illusion, l'erreur quant à sa propre correction est un grand mal, une cause de désastres. Le chef d'armée, dans ce cas, subira une grande défaite et causera à son roi des maux que dix années ne pourront réparer complètement. [C'est contraire aux règles à suivre par le prince. *Com. II.*]

Symbolisme

La terre au-dessus du tonnerre. Les anciens rois, au jour du solstice (ou, au septième jour) fermaient les frontières. Les marchands et les voyageurs ne pouvaient plus passer ; les princes ne pouvaient inspecter les régions. C'était une sorte de repos, d'inaction forcée, comme celle du tonnerre enfermé, tenu sous terre dans l'hexagramme. De là cette citation.

KOUA 25

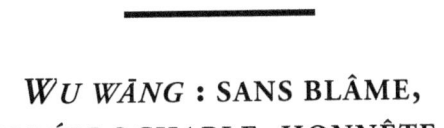

WU WĀNG : SANS BLÂME, IRRÉPROCHABLE, HONNÊTE.

TEXTE I

Conduite irréprochable ; absence d'inconduite, de manque de droiture, etc. Si l'on n'est pas droit et juste, il arrivera des malheurs. Tout sera sans avantage quoi que l'on fasse.

TEXTE II

1. Quand la conduite est irréprochable, toute démarche est heureuse.

2. On récolte sans labourer, on moissonne sans avoir semé ; tout réussit en tout ce qu'on fait (quand on est intègre). Suite séparée du §1.

3. Celui dont la conduite est parfaite peut cependant avoir quelque malheur immérité ; c'est comme un bœuf

(innocent) attaché ; son conducteur le traîne ; les gens de l'endroit le maltraitent.

4. La bonne conduite (seule) peut prospérer sans revers. [Elle aura une prospérité sûre. *Com. II.*]

5. L'honnête homme malade n'a pas besoin de médecine pour être content. (Il l'est par le témoignage de sa conscience.) [Il ne doit pas en essayer. *Com. II.*]

6. Si les actes de l'honnête homme entraînaient des malheurs, il n'y aurait plus d'avantage à rien. [Ses actes entraînent parfois le mal de l'épuisement. *Com. II.*]

COMMENTAIRE I

Par la droiture on prospère grandement, c'est l'ordre du ciel. Si l'on n'est pas juste, on sera malheureux, on ne réussira en rien. Quelle est la conséquence de la droiture ? Quel acte de l'homme irréprochable le ciel ne secondera-t-il pas par son ordre ?

SYMBOLISME

Le tonnerre roulant sous le ciel. Toute chose est droite en sa nature. Les anciens rois, conséquemment, dans leurs efforts, se conformaient aux raisons pour entretenir leurs peuples. *Com. II.* — Le fort du dessus domine tout. (Trigramme du ciel.) Agissant fortement, il établit solidement. Il garde le milieu, il est ce qu'il doit être. *Com. I.*

KOUA 26

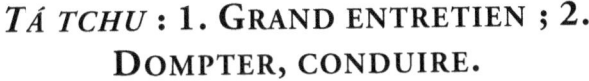

TÁ TCHU : 1. **GRAND ENTRETIEN** ; 2. **DOMPTER, CONDUIRE.**

TEXTE I

Grand, bon entretien. Il affermit et perfectionne. Si l'on ne ruine pas sa maison (la dévore), ce sera bien ; on traversera heureusement les difficultés.

TEXTE II

1. Quand il survient quelque danger, il est bon de s'arrêter (se vaincre), de céder aux circonstances et de ne point vouloir l'emporter de force. *Com. II.*

2. (Comme, par exemple, quand) un char a perdu le cuir qui le maintien en place (droit).

3. Celui qui chemine avec des chevaux *bien entretenus*, sortira heureusement des difficultés. S'il s'exerce chaque jour à conduire et combattre, tout réussira pour lui. (Suite de la bonne éducation.)

4. Le joug, la planchette que porte le jeune bœuf est d'un usage très heureux pour le *dompter* et le former au labourage (second sens).

5. Lorsqu'un sanglier est châtré, *dompté*, ses défenses sont exemptes de danger (et sont plutôt un instrument utile). — Arracher les dents à un sanglier, c'est priver un méchant des moyens de nuire.

6. Combien la voie du ciel est étendue ! Qu'elle est immense à parcourir ! *Com. II.* [Allusion à la forme de l'hexagramme qui représente une montagne au-dessus du ciel. Se rapporte à l'expression *tchu kih. Com.*]

COMMENTAIRE I

Le grand entretien, c'est le fort affermissant sa droiture, sa justice, répandant un brillant éclat ; renouvelant chaque jour ses vertus. Fort et élevé, il met la sagesse au-dessus de tout ; il peut s'établir fermement en une droiture extrême. Il entretient surtout la sagesse ; il répond aux ordonnances du ciel.

SYMBOLISME

C'est une montagne dans le ciel (le ciel au milieu). Le sage, comprenant toute chose, discute d'abord, puis agit, pour entretenir ainsi sa vertu.

KOUA 27

Ī : 1. Entretenir, soutenir ;

2. Menton, côté de la bouche ; 3. Profond.

TEXTE I

Entretenir : achève heureusement. (Il faut) examiner soigneusement comment on entretient. On doit chercher soi-même ce qui est bon pour sa bouche.

Commentaire I

Entretenir sa rectitude est cause de bonheur. On doit examiner ce que l'on entretient et ce qui doit nous entretenir. Le ciel et la terre entretiennent tout ; le saint entretient la sagesse pour atteindre par eux tous les peuples. Grande est l'opportunité de l'entretien.

TEXTE II

1. Laissant là votre tortue merveilleuse (l'une des quatre espèces d'êtres surnaturels), vous me regardez remuant

le menton (2ᵉ sens) (pour manger). — (Expression consacrée, signifiant négliger les biens supérieurs pour s'attacher aux biens matériels.) C'est mal. — La tortue céleste qui indique l'avenir ne se peut manger ; aussi on la néglige.

Note. Animaux célestes indiquant par leurs apparitions les volontés du ciel et de l'avenir. Les autres sont la licorne, le dragon et le phénix.

2. Baisser le menton, c'est renverser les lois morales. Le lever vers les hauteurs, c'est aller au mal, au malheur. (Ces deux expressions désignent ceux qui font les parasites près des petits et près des grands — ou plutôt : ceux qui s'avilissent ou visent trop haut.)

4. Celui qui cherche la nourriture comme un tigre avançant pas à pas et regardant fixement, réussira en ses désirs.

5. Si l'on viole les règles, quand même on serait en voie de prospérité, on ne réussira pas définitivement dans les grandes difficultés.

3. Celui qui agit mal dans la recherche de son entretien déchoira certainement. En dix ans, il ne fera rien qui lui soit avantageux. (*Litt.* : qu'il ne fasse rien.) [Il rencontrera de grands obstacles. *Com. II.*]

6. Rechercher les moyens d'entretenir les hommes (*Com.*) est une excellente chose quoique difficile ; elle réussira avantageusement (si l'on s'y applique). [On en retirera l'approbation universelle. *Com. II.*]

Symbolisme

Une montagne au-dessus du tonnerre (image de celui qui réprime ses désirs, restreint ses tendances). Le sage s'observe ainsi en ses paroles et modère l'usage des aliments.

KOUA 28

TÁ KVOH : 1. GRAND EXCÈS, DÉFAUT, MANQUEMENT ; 2. TRAVERSER, DÉPASSER.

TEXTE I

Grandeur défectueuse. Appui faible qui, en s'affermissant en toute manière, peut devenir utile. (Un défaut peut se réparer.)

COMMENTAIRE I

Grandeur défectueuse, colonne faible dont le haut et le bas le sont aussi. La force défectueuse au milieu de gens faibles et doux peut, si elle agit en cherchant à satisfaire, s'affermir et prospérer en tout. La grandeur excessive ou défectueuse est une chose funeste.

TEXTE II

1. Ceci est susceptible de deux explications : a. « S'appuyer sur des joncs » est un grand défaut ; ils plient et ne soutiennent pas. b. Pour placer un objet

comme natte à offrande, se servir de mao blanc est fautif.

Note. Au lieu de gratter simplement la terre et l'aplanir.

(Le mao blanc représente la pureté, la droiture, *kiet tche*. *Com.* Ceci d'après le commentaire représente un *excès* de précaution. *Kwéh hu weï shin* (1ᵉʳ sens).

2. (Autres exemples de choses qui dépassent l'ordinaire.) Un vieux saule, dépérissant, qui produit des bourgeons ; un vieillard qui épouse une jeune femme.

3. Une poutre, un pilier trop faible (voir texte I) sont mauvais (ils ne peuvent supporter) (grand défaut).

4. Une colonne haute et forte est bonne ; toute autre est dangereuse (opposition à ce qui précède).

5. Un vieux saule produisant une fleur, une vieille femme épousant un homme encore jeune, quoique non blâmables, ne peuvent être loués. La fleur du vieux saule ne peut durer, l'époux d'une vieille femme peut s'en dégoûter. (Faits qui passent les règles ordinaires.)

6. Traversant un fleuve, y entrer jusqu'au sommet de la tête est chose dangereuse, (mais peut n'être point blâmable, si on le fait pour aider quelqu'un, d'après le *Com.*) (3ᵉ sens). Force défaillante.

Symbolisme

Marais couvrant des arbres. Le sage, devant un pouvoir vicieux, se tient seul sans crainte et fuit le monde sans regrets.

Note. Nous avons ici une collection d'expressions proverbiales dont plusieurs se rapportent à la forme même du Koua. Celui-ci peut, en effet, à la rigueur, figurer une poutre entamée en haut et en bas, donc très défectueuse.

On voit ici une fois de plus combien ces divisions en six parties sont arbitraires. Le § 3 n'est que la répétition du texte ; les §§ 2 et 5 se confondent.

KOUA 29

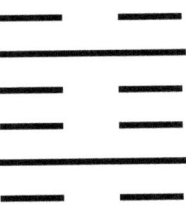

K'ĀN : DANGER, PRÉCIPICE, CAVERNE.

— *Tsa k'ān* : courir de grands risques ; s'exposer au danger pour un autre.

TEXTE I

La droiture, le cœur fidèle et attaché, réussit ; ses actes ont de l'éclat s'il persévère malgré le danger.

COMMENTAIRE I

Tsa k'ān est un danger grave. L'eau débordant, mais ne remplissant pas tout (que figure le Koua), représente les dangers courus sans qu'on perde sa fidélité constante. Le cœur attaché réussit ; quand la force garde le milieu, tout ce qu'on fait est bon et méritoire. Le ciel a ses dangers qu'on ne peut surmonter. La terre a les siens dans les montagnes, les fleuves et les ravins. Les rois et princes arrangent les choses dangereuses de manière à sauvegarder leurs États. Le moment du danger est bien grave.

SYMBOLISME

L'eau s'étendant au loin (deux fois eau) forme le Koua. Le sage, d'une vertu constante, agit vertueusement et s'applique à l'enseignement. Il répand ses biens comme l'eau.

TEXTE II

1. Courir des dangers, comme entrer dans une caverne d'un défilé dangereux, est chose redoutable.

2. Dans les écueils périlleux, si on sait modérer ses sentiments, on pourra en sortir heureusement. [Si on garde la modération. *Com. II.*]

3. Si en tout et partout on ne rencontre que danger, que les périls, les sujets de crainte s'accumulent, alors dans un tel danger, il n'y a plus d'expédient qui puisse servir. — Il n'y aura plus de secours possible.

5. Mais si le danger n'est pas inéluctable, si une caverne où l'on se trouve n'est point pleine d'eau et qu'on puisse encore aplanir le terrain, on en sortira sans faute. — Il n'arrivera pas malheur.

4. Si l'on offre des sacrifices avec simplicité (sans ostentation), avec un vase de spiritueux et une corbeille de grains, tandis que les assistants n'ont que des vases de terre, si par cette modération on se forme à la vertu, alors qu'on aurait d'abord des difficultés et des écueils, on deviendra irréprochable. (Moyen d'éviter les dangers.)

6. Danger de celui qui, lié, vinculé de triples liens, enfermé dans un cachot, ne peut de longtemps parvenir à se délivrer. Sort funeste ! — Tel est celui qui a perdu la voie de la sagesse.

KOUA 30

LÏ : ÉCLAT, BRILLANT, BEL EXTÉRIEUR, SUCCÈS.

TEXTE I

Beauté, « bel extérieur », se développe et s'achève comme dans l'élevage d'un animal domestique (qui, bien soigné, est gras, beau, luisant).

COMMENTAIRE I

Le soleil et la lune brillent dans le ciel ; les grains, les plantes brillent sur la terre. Un double éclat brille dans tout ce qui est droit et juste et transforme, en le perfectionnant, tout ce qui existe ici-bas.

TEXTE II

1. Lorsque la conduite est fautive, mais qu'on cherche avec soin à la rectifier, on évitera tout blâme. [Si l'on cherche à éviter toute faute. *Com. II.*]

2. Le plus bel éclat est celui du jaune. [C'est la couleur qui tient le milieu entre toutes. *Com. II.*]

3. Lorsque l'éclat du soleil est à son déclin, ce n'est plus la joie qu'il inspire, mais la tristesse. (*Litt.* : on ne fait plus de musique au moyen des instruments de terre, ni en chantant, mais c'est le gémissement d'un vieillard. Le tout indique la déchéance et le chagrin qu'elle cause.) (*Com.*) [L'éclat du soleil ne peut toujours durer. *Com. II.*]

4. La lumière du feu apparaît subitement ; elle brûle, donne la mort ; on ne peut la supporter.

5. Quand le prince se met en expédition, on verse des larmes et pousse des gémissements. Et cela doit être, car il sort pour aller châtier les rebelles et les méchants.

Note. Aux premiers temps de l'Empire chinois, les peuples nouvellement conquis se révoltaient constamment. Chaque printemps, le souverain chinois avait quelque expédition à faire pour dompter les révoltés ; c'était devenu comme une institution.

Dans ses *brillants* exploits, il brise les têtes des chefs et reçoit à merci ceux qui ne se sont point associés à leur révolte. Ainsi, il n'encourt aucun blâme. [Ceci illustre la puissance, l'éclat des rois et des princes. *Com.*] [Ces expéditions ont pour but de rétablir l'ordre et la justice. *Com. II.*]

SYMBOLISME

La lumière du soleil doublée (en dessus et en dessous) forme le Koua. Le grand homme fait ainsi briller ses qualités de plus en plus dans les quatre régions.

KOUA 31

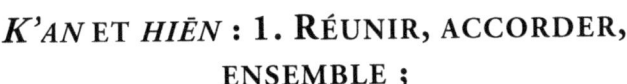

K'AN ET *HIĒN* : 1. RÉUNIR, ACCORDER, ENSEMBLE ;

2. Mouvoir, émouvoir le cœur, exciter le sentiment (excitation physique et morale) ; être en mouvement, remuer ; 3. Harmonie, droiture, sincérité.

TEXTE I

Le sentiment d'union, d'affection, conduit à prendre femme.

SYMBOLISME

Un marais au-dessus d'une montagne ; ainsi l'homme supérieur s'abaisse pour accueillir tout le monde (comme l'eau sur la montagne).

COMMENTAIRE I

Hiën a le même sens que *k'an* (2ᵉ sens). Le fort en dessus, le faible en dessous (selon la figure), leurs influences s'unissent et s'harmonisent. C'est la stabilité et la satisfaction. L'homme s'inclinant vers la femme, c'est la condition d'un mariage prospère. Le ciel et la terre mettent tout en mouvement et tout se forme, naît. Le Saint meut le cœur des hommes et le monde alors connaît la paix et la concorde. En voyant ces divers mouvements, on peut comprendre les sentiments du ciel et de la terre.

TEXTE II

1. Prendre et *mouvoir* le gros orteil ; s'abaisser par condescendance (*Com.* II). [Figure signifiant aussi se mouvoir pour prendre quelque chose placé plus bas. *Com.*]

2. *Remuer* les chairs en marchant est une mauvaise contenance. (I. e. marcher avec tant de hâte et de trouble que la chair de la jambe se remue. Mouvements contraires au juste milieu et à la gravité.)

3. Marcher en réunissant les jambes et se serrant contre la personne que l'on suit est une manière blâmable. (On ne pourra se garer contre les coups. *Com.*) [Ce qui en résulte est l'abaissement. *Com. II.*] Cf. *Siao-Hio*, livre II, § 156, prescrivant de marcher un peu en arrière d'une personne honorable.

4. La droiture ferme est cause de succès (sens 3) et éloigne tout regret. Une conduite douteuse éloigne tout

le monde ; les amis à peine restent attachés. — [Tout est bien tant qu'on ne se laisse pas porter au mal ; la conduite douteuse est sans grandeur. *Com. II.*]

5. « Être *ému* jusqu'en la chair des épaules », cela indique des pensées généreuses et vives. (*Com. Tchong-tao*, IIe, f. 3.) — Dicton figurant une émotion profonde.

6. « *Remuer* les mâchoires et la langue » signifie parler trop. [Cela désigne une bouche avide de paroles. *Com. II.*]

Note. Nous avons ici une série d'expressions consacrées et familières, dont l'idée de remuer forme la base commune. Le § 4 se rapporte seul à *hiēn*, concorde, et le § 3 à « réunir en se mouvant ». Le *Com. I* parle des mouvements généraux de la nature d'après l'ontologie et la morale chinoises. Les §§ 1 à 3 signalent des manières d'agir et de se tenir contraires aux règles de la bienséance, de ces rites qui formaient la base de l'organisation sociale et de la morale en Chine.

KOUA 32

HĀNG : 1. CONSTANCE, PERMANENCE, STABILITÉ ;

2. Partout, complètement ; 3. Lune presque pleine.

TEXTE I

La vertu ferme, se développant sans défaillance, arrive à sa perfection et procure de l'avantage en tout et partout.

SYMBOLISME

Tonnerre et vent forment le Koua. Le sage reste ferme et ne change pas de conduite.

TEXTE II

1. Celui qui fait des efforts extrêmes pour rendre sa position ferme réussira difficilement. C'est celui qui fait des efforts immodérés et prétentieux.

3. Celui qui ne rend pas sa vertu constante perpétuera sa honte et ne parfera que ses erreurs.

2. En éloignant toute faute, on s'assure la stabilité (et non par des efforts). Ou : la constance éloigne toute faute. — Ceci n'est qu'un composé de termes auguraux pour faire nombre.

4. (Un homme sans vertu est) un terrain sans gibier.

Note. Ceci n'est qu'une suite du § 3 et se rapporte à l'absence complète, permanente de gibier ; à « partout, entièrement » (2ᵉ sens) ; ou à l'image de la lune qui est comme une terre déserte.

5. On doit perpétuer ses vertus ; mais à chacun les siennes, celles du mari ne sont pas celles de l'épouse. [La femme sert un homme et c'est tout jusqu'à sa mort. L'homme décide du droit. Servir une femme ne lui convient pas. *Com.*]

6. Une excitation continuelle (*hãng*) est chose funeste. Chercher la stabilité par ses efforts est une erreur. [Elle dépend d'en haut (du ciel. Ces efforts seront sans résultat ni mérite. *Com. II.*] Ceci est une répétition du § 1. Il s'agit de la position d'un homme dans le monde, de son lot en ce monde. Cela dépend du ciel et non des efforts des hommes.

COMMENTAIRE I

Hãng indique constance, permanence. C'est le fort en haut, le faible en bas (voir le Koua), le tonnerre et le vent en communication et concorde. C'est le moteur et le mû docile, la constance heureuse et la stabilité dans sa voie. La voie, les procédés du ciel et de la terre se perpétuent et ne cessent jamais. Le succès gît dans la persévérance en ce qu'on a commencé.

Le soleil et la lune, participant au ciel, perpétuent leur éclat. Les quatre saisons changeant et se succédant peuvent se perpétuer parfaitement. Le saint persévérant en sa voie, le monde se transforme et se perfectionne. En cette perpétuité, on peut voir les sentiments, les tendances du ciel et de la terre et de toutes choses.

KOUA 33

T'ÚN : 1. RETRAITE, OBSCURITÉ ; 2. RETIRER.

TEXTE I

La vie retirée a des avantages ; le petit s'y affermit et se perfectionne.

COMMENTAIRE I

Id. Le fort, dans une position convenable, agit conformément au temps. Le petit (dans l'obscurité) avance et grandit. Grande est l'importance de la retraite.

TEXTE II

1. Retirer sa queue uniquement (se tenir en arrière) en présence du danger sert peu quoi qu'on fasse, il faut se retirer en un lieu obscur et tranquille. [Si l'on ne fait rien, il n'y aura pas de danger. *Com. II.*]

Note. « Retirer sa queue » est une expression analogue à celle que nous employons en faisant allusion à l'autruche : « Mettre sa tête sous son aile. »

2. Si pour retenir une chose, on emploie une lanière de cuir de bœuf, personne ne pourra l'arracher. [On sera ferme en son propos. *Com. II.*] Si l'on se garde et retient bien, on réussira.

3. Pour celui qui vit retiré et a une maladie dangereuse, il est bon d'entretenir des serviteurs ou une épouse secondaire (pour le soigner).

4. Aimer la retraite est bon aux yeux du sage, niais point pour l'homme vulgaire (qui cherche à paraître). [Le sage l'aime, le vulgaire point. *Com. II.*]

5. Se plaire dans l'obscurité, c'est un gage de bonheur. [Car alors on peut diriger toutes ses pensées vers le bien. *Com. II.*]

6. La retraite dans l'abondance procure tous les biens. Point de doute.

SYMBOLISME

Le ciel sur une montagne. Le sage s'éloigne des gens vulgaires non par haine, mais par dignité.

KOUA 34

TÁ TCHUÁNG : GRANDE FORCE.

TEXTE I

Elle donne succès et achèvement.

COMMENTAIRE I

Tá tchuáng est le grand devenu fort, le mouvement dirigé par la force ; c'est aussi le fort, juste et droit. La rectitude et la grandeur manifestent les sentiments du ciel et de la terre.

TEXTE II

1. Si la force est dans les doigts de pied, on avancera mal, eût-on même toute volonté. [La force dans les doigts de pied indique son épuisement, celui de la vertu. *Com. II.*] [Ou plutôt la force dans les choses inférieures, accessoires. *Com.*]

2. La force employée sagement (*ts'ong*) donne le succès final. [Quand on garde le milieu. *Com. II.*] (Encore une expression purement augurale à supprimer.)

3. L'homme vulgaire emploie la force, le sage ne le fait pas. Le développement, l'emploi de la force est dangereux ; il arrive à qui en use comme au bélier qui butte contre une clôture et y fait prendre ses cornes enfoncées.

4. Force employée avec succès comme au cas d'une clôture percée par les cornes d'un bélier sans que celles-ci y restent prises. C'est la force, par exemple, des essieux d'un grand char. [Il avance malgré tout. *Com. II.*] Le texte est altéré comme le prouve le *Commentaire*. *Yong* a été répété par erreur.

5. La perte d'un bélier qui a perdu toute force n'est pas regrettable.

6. Le bélier butteur qui, voulant frapper une clôture, ne sait plus ni avancer ni reculer, sans moyen de s'en tirer, trouvera dans cette difficulté même un moyen de salut. Ne pouvant plus frapper, il ne prendra plus ses cornes dans un obstacle ; il a péché par manque de précaution, cela lui servira de leçon. [Le bon côté de l'accident est qu'il ne prolongera pas sa faute. *Com. II.*] (I. e. l'expérience rend prudent.)

SYMBOLISME

Le tonnerre au-dessus du ciel représente la plus grande force. Ainsi le sage ne fait pas un pas, un acte contrairement aux règles.

KOUA 35

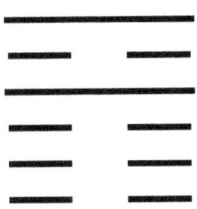

TS'IN : AVANCER, CROÎTRE, GRANDIR.

TEXTE I

T'sin, croissance de la nature, joie et vigueur comme celle d'un prince se servant de chevaux donnés, maître d'une population toujours croissante et recevant chaque jour de nombreux dons. (Trois fois par jour donnant audience et recevant des dons.) — (Prospérité croissante.)

COMMENTAIRE I

Ts'in est avancer, progresser. C'est la lumière s'élevant au-dessus de la terre ; la soumission à la grandeur éclatante ; le faible, bon, avançant, s'élevant. C'est ainsi que le prince prospérant reçoit des dons de chevaux, etc.

SYMBOLISME

C'est le soleil s'élevant au-dessus de la terre (le matin). Ainsi le sage fait briller ses vertus d'un grand éclat.

TEXTE II

1. Que l'on avance, grandisse ou diminue, si l'on est droit on sera heureux. Si l'on n'a pas encore mérité une confiance absolue, que l'on soit ferme et juste, et il n'arrivera rien de fâcheux. [Que l'homme reste seul, ferme et juste, même sans obtenir de fonction. *Com. II.*]

2. Qu'on ait succès ou chagrin, la droiture ferme donnera le bonheur ; on recevra une large prospérité de ses aïeux. (Les ancêtres veillent sur leurs descendants et les protègent.)

3. Quand tout le monde vous applaudira, se fiera à vous, vous serez à l'abri de tout reproche. (Suite au § 2.) [Si l'on suit la voie générale (*Com.*), l'avantage en sera une conduite noble. *Com. II.*]

4. Avancer comme un rat (plein de cupidité et de crainte) est chose dont on doit se garder. [C'est quand on cherche une position qui ne convient pas. *Com. II.*]

5. Quand on est à l'abri de tout reproche (par sa bonne conduite), on ne doit point se préoccuper de perte ou de profit. On avancera heureusement, on ne sera point sans avantage. [On sera loué de tous. *Com. II.*]

6. On ne doit avancer ses cornes (employer la force) que pour châtier une ville coupable. Il est bien alors de

s'exposer au danger. Mais le succès lui-même n'est pas sans regret. (On doit être triste d'être obligé de sévir.) [Ces actes ne sont pas éclatants. *Com. II.*] (On ne doit pas en tirer gloire, mais les faire avec peine.)

SYMBOLISME

Soleil sortant de la terre. Ainsi le sage fait briller ses vertus d'un grand éclat. (C'est cette image du « soleil levant » qui donne l'idée fondamentale du Koua, l'avancement, le progrès, etc.)

KOUA 36

MĪNG Ī : 1. **LUMIÈRE BLESSÉE, FAIBLISSANTE, ENTRANT SOUS LA TERRE ;**

2. Lumière sortant de l'orient, bourgeonner, *ī*.

TEXTE I

Mīng-ī indique un progrès dont l'affermissement est difficile. (Termes divinatoires interpolés.) Profiter des difficultés pour se parfaire, être droit et juste.

COMMENTAIRE I

Mīng-ī est la lumière entrant sous la terre, brillante et docile. Cruellement traité (*ī*) et dans de grandes difficultés, c'est ce que fut Wen-Wang. — Dans de grandes difficultés et restant droit et ferme en son cœur, c'est ce que fut Khi-tze.

SYMBOLISME

Le soleil entre sous la terre (la nuit). Le sage, gouvernant les hommes, de l'obscurité même sait encore briller.

TEXTE II

1. La lumière faiblissante (le jour finissant) dans son vol abaisse ses ailes (descend sous terre). Le sage dans sa route sait jeûner plusieurs jours (plutôt que d'abandonner la voie droite) ; où qu'il aille, les grands parlent de lui.

2. La lumière (dans sa route) est attaquée du côté gauche et repousse l'assaut avec la force et la rapidité du cheval. (Ou bien : elle se répand à gauche avec la force et la rapidité d'un cheval qui sauve son cavalier.)

3. Elle va dans le sud et y fait prisonnier le grand chef (des ténèbres). Elle ne peut souffrir aucun mal.

4. En allant du côté gauche, on s'associe à la pensée du principe lumineux, lorsqu'il sort de son palais (pour se répandre sur le monde).

5. Khi-tze s'avance, la lumière l'emporte et triomphe définitivement. Ou bien : l'éclat répandu par Khi-tze est bienfaisant et assuré.

6. Lorsque la lumière ne brille pas encore et que les ténèbres règnent, la lumière s'élève d'abord dans le ciel, se répand, puis s'incline vers la terre. [Elle éclaire les

quatre plages et entre en terre perdant sa mesure. Marche du soleil et du jour. *Com. II.*]

KOUA 37

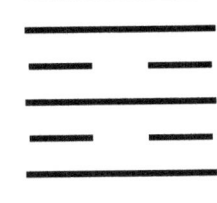

KIĀ : FAMILLE, MAISON.

TEXTE I

L'homme lui donne la prospérité, la femme la complète et la consolide.

COMMENTAIRE I

La femme remplit les fonctions à l'intérieur ; l'homme à l'extérieur. L'observance des règles dans leurs actes et leurs rapports, c'est le suprême droit du ciel et de la terre. Le chef de maison a la dignité, l'autorité suprême ; il est appelé père-mère. Quand le père et le fils, les frères aînés et les cadets, les époux, sont ce qu'ils doivent être, la maison est bien réglée et le monde est en ordre parfait.

SYMBOLISME

Vent sortant du feu. Le sage parle selon la réalité et tient une conduite toujours bien réglée.

TEXTE II

1. Celui dont la maison est bien protégée n'aura rien à craindre. [C'est celui dont la volonté ne varie point. *Com. II.*]

2. Si l'on n'a pas besoin d'aller au-dehors, mais que les provisions soient accumulées dans l'intérieur de la maison, elle sera prospère. [Il faut douceur dans la prospérité. *Com. II.*]

3. Si les gens de la maison sont graves et attentifs, craintifs et sachant regretter une erreur, tout ira bien. Si l'épouse et les enfants sont légers et bavards, la fin ne sera pas heureuse. [Si les uns ne faillissent pas, les autres manqueront aux lois de la famille. *Com. II.*]

4. Pourvoir abondamment sa maison est une assurance de grands succès. [Ce sera quand la complaisance (des chefs) et la docilité (des subordonnés) seront en leur lieu. *Com. II.*]

5. Avoir une maison puissante est pour le roi une source de sécurité (il ne devra pas craindre, etc.). [C'est quand il y a mutuelle affection entre ses membres. *Com. II.*]

6. Droit, juste et plein de majesté, le roi aura une fin heureuse. [La vraie dignité restaure la nature en son état d'intégrité primitive. *Com. II.*]

KOUA 38

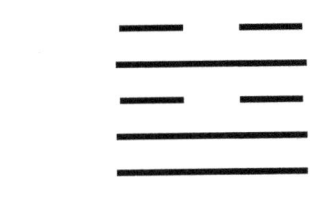

KWÈI : 1. DIFFÉRENT, OPPOSÉ, ÉLOIGNÉ, ÉTRANGE ; 2. REGARDER FIXEMENT.

TEXTE I

Kwèi, temps mauvais où les petites affaires seules réussissent et les grandes point.

SYMBOLISME

Feu au-dessus, eau en dessous ; désunion. Ainsi le sage cherche l'union et la distinction (juste et convenable de ce qui doit être distingué).

TEXTE II

1. Quand (il n'y a pas d'opposition, mais concorde, que) toute cause funeste disparaît (on revient à l'union comme) un cheval perdu qui revient de lui-même sans qu'on le cherche. (*Com.*) Si l'on rencontre un méchant même, il n'en surviendra rien de fâcheux (on saura se

préserver de ses coups ou éviter son contact corrupteur).

2. Si l'on s'accorde en route avec son chef, tout réussira. *Com. II.* On ne se trompe pas de chemin. — Ou : Si l'on rencontre son chef c'est qu'on ne s'est pas trompé de chemin. *Com.* Si l'on a un différend et qu'on se cherche et s'accorde, on se rencontrera sans effet funeste.

3. (Effets de la discorde, des luttes.) On voit un char entraîné par la force, son bœuf saisi et arraché, son conducteur maltraité et le nez coupé. Mais un commencement fâcheux peut avoir une bonne fin, si l'union se rétablit.

4. Seul au milieu de la désunion, si le banni rencontre ensuite un honnête homme, il pourra avoir des rapports pleins de droiture et les difficultés antérieures n'engendreront plus d'inconvénient (pour ces deux hommes).

5. Par l'union toute cause de souci disparaît, les parents sont unis. [*Litt.* : se mordent la peau. Ce qui indique pénétration, union de sentiments. *Com.*] Où qu'on aille, plus de cause de regret. [On est approuvé de tous. *Com. II.*] Le grand est sincère envers le petit. *Tchéou-Yih*, etc. Sens : Quand la désunion a disparu, les familles sont dans la joie, mangent abondamment.

6. Seul dans la désunion, le banni est comme quelqu'un qui voit un porc immonde ou un char plein de mauvais esprits. Il tend d'abord son arc pour tirer, puis le lâche. Si ce n'est point un méchant, un brigand ravisseur et que le sort lui soit favorable, le bonheur reviendra.

Commentaire I

Le feu, se mouvant au-dessus et l'eau en dessous, forment l'opposition ; de même deux sœurs vivant ensemble, mais ne s'entendant pas. L'attachement joyeux et intelligent fait que le faible et bon avance, s'élève et atteint le milieu, s'accordant ainsi avec le fort. Ainsi les petites affaires réussissent. Le ciel et la terre, bien que séparés, sont unis dans leur action. L'époux et l'épouse le sont également et doivent n'avoir qu'une seule volonté. Tous ces êtres sont distincts et leurs opérations identiques. Le principe, l'opportunité de la distinction sont choses bien graves.

KOUA 39

KIÉN : DIFFICULTÉ, DANGER, NOBLE HARDIESSE.

TEXTE I

Énergie dans les difficultés ; peut réussir d'un côté et pas de l'autre. Par son succès se montre le grand homme. Sa perfection est heureuse et peut sauver des périls.

SYMBOLISME

L'eau sur une montagne. Par la vertu de l'énergie, l'homme sage se corrige et perfectionne sa vertu.

COMMENTAIRE I

Kién est difficulté, danger se présentant en face ; si, voyant le danger, on sait rester ferme, quelle grande sagesse ! Le succès ou l'insuccès vient de ce que l'on garde la voie droite ou que la sagesse est à bout. On reconnaît à cela l'homme vraiment grand et plein de mérites. Il faut rester ferme dans la justice et la bonté pour établir fermement un État. Oh ! que le moment des difficultés a d'importance !

TEXTE II

1. Si l'on va (courageusement) aux choses difficiles, on reviendra comblé de louanges. [Il convient d'être ferme. *Com. II.*]

2. Si le prince et ses ministres ont difficultés sur difficultés, ce n'est point (nécessairement) parce qu'ils recherchent leur propre avantage (ou : cela ne dépend pas nécessairement d'eux-mêmes).

3. L'un va aux difficultés et revient après au repos. Ou : qui va aux difficultés (courageusement) revient aux profits (en obtient). Dicton.

4. Un autre y va et revient uni à ceux qui les ont partagées. [Il faut être fidèle dans ses fonctions. *Com. II.*] C'est dans les difficultés que les amis se montrent.

5. Un autre y va également et revient plus éclairé et intelligent. [Il a la juste mesure. *Com. II.*]

6. Un dernier y va de même et revient plein de mérite et de succès. Il atteint les qualités du grand homme.

KOUA 40

```
──    ──
──────────
──    ──
──────────
──    ──
──    ──
```

KIEH : 1. DÉLIVRER, FAIRE ÉCHAPPER, ÉCHAPPER AU DANGER ;

2. Disperser ; 3. Ouvrir, séparer, s'ouvrir. Se dit du mouvement de la germination. 4. Résoudre une difficulté, une complication.

TEXTE ET COMMENTAIRE I

Si l'on réussit à faire échapper aux dangers, on gagnera les gens à soi et l'on aura des relations heureuses ; on gardera le milieu. En tout ce que l'on fait, l'activité est chose utile et fait acquérir des mérites. *Kieh* est : se trouvant en danger, savoir agir et échapper. Quand le ciel et la terre ouvrent les pores (3ᵉ sens) des êtres, le tonnerre et la pluie se produisent. Alors les plantes et les arbres à fruit bourgeonnent. Bien important est le temps où tout s'ouvre.

Symbolisme

Le tonnerre et la pluie forment le Koua *Kieh*. Le sage est indulgent pour l'erreur et traite les coupables avec douceur.

TEXTE II

1. Délivrer quelqu'un est chose excellente. [Quand le fort et le faible s'entendent selon la justice, il n'y a pas de faute à craindre. *Com. II.*]

2. Délivrer est aussi heureux que, pour le chasseur, prendre trois renards et obtenir le prix, la flèche d'or. — Celui qui résout une difficulté, fait sortir d'une position difficile, est comme le chasseur qui prend trois renards et obtient la flèche d'or.

3. Si un porteur se met dans un char et qu'il survienne des voleurs, il sera attaqué et échappera difficilement ; s'il abandonne sa charge, il pourra se sauver. (*Com.*) [Pour un porteur, aller en char est honteux ; c'est attirer sur soi les voleurs. *Com. II.*] Il n'appartient pas à des gens du commun d'aller en char.

4. Échappez d'abord et après cela les amis viendront témoigner leur fidélité (sinon ils vous abandonnent).

Note. Le mot qui signifie ordinairement gros orteil est expliqué par les commentateurs comme ayant ici le sens de *tchū*, commencement, d'abord.

5. C'est au sage d'écarter (les maux) et de résoudre (les difficultés) ; s'il y réussit, il gagnera la confiance du vulgaire.

6. Si le prince est assez habile pour atteindre d'une flèche un faucon posé sur le haut d'un mur élevé, il aura le succès et saura disperser les rebelles (3ᵉ sens, *Com. II*).

KOUA 41

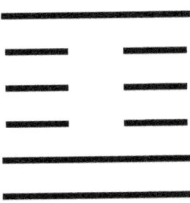

SÙN : DIMINUER, ABAISSER, RÉPRIMER.

TEXTE I

Si l'on s'abaisse, se réprime sincèrement, on obtiendra la félicité, on réussira en tout. On réprimera l'orgueil et l'amour du luxe, par l'exemple, en présentant des offrandes simples (deux corbeilles de grain) ; ce sera avantageux.

COMMENTAIRE I

Pour cette offrande simple, il y a un temps convenable ; il y a un temps pour agrandir le faible et diminuer le fort. Diminuer le plein et remplir le vide doivent se faire conformément aux circonstances.

TEXTE II

1. Laisser ses propres affaires et aller promptement (au devoir) est une conduite qui sera sans regret ; mais on doit bien considérer comment on doit ainsi s'abaisser,

se réprimer (*sùn*). [On doit estimer surtout l'union des volontés. *Com. II.*]

2. L'utilité générale, la prospérité requiert que l'on châtie le mal sans le diminuer ou l'augmenter (en appréciation) et en observant la stricte vérité et la justice. *Com. II.*

3. Si trois hommes marchent ensemble, qu'un d'eux quitte ses compagnons et l'homme qui vient seul après eux en trouvera un. (Ainsi il y aura deux couples d'amis.) [Quand trois hommes sont ensemble, il y a des différends, des soupçons. *Com. II.*]

Note. Litt. : diminuer d'un homme, *sùn yih zhīn*, pour éviter les querelles.

4. Diminuer le mal chez quelqu'un, c'est précipiter le moment où il sera joyeux et content.

5. Augmenter les biens de quelqu'un par de riches présents qu'il ne peut refuser, ce sera un avantage capital, une bénédiction d'en haut. *Com. II.*

Note. Litt. : de tortues à vingt écailles, très rares et précieuses. Il s'agit de dons du roi.

6. Agrandir ainsi sans diminuer est chose excellente en toute manière. Le roi (en ce faisant) gagnera ainsi des sujets (qui seront comme sans famille) entièrement dévoués au souverain. [Ainsi il arrivera au comble de ses désirs. *Com. II.*]

SYMBOLISME

Montagne sur eau stagnante. Le sage réprime ainsi sa colère et arrête ses désirs (comme la montagne presse l'eau).

Koua 42

Yī : augmenter, agrandir, enrichir, s'élever, grandir.

TEXTE I

Yī est succès en ce qu'on fait, triomphe sur les difficultés.

Commentaire I

Diminuer le grand, augmenter le petit, c'est la joie du peuple. Faire descendre les biens sur les petits, c'est une conduite brillante. Tout prospérera si les principes essentiels sont observés. Par l'impulsion d'en haut et la docilité en bas, il y a progrès constant, sans limite. Le ciel donne, la terre produit ; leur production augmente sans cesse. Tout accroissement s'opère en son temps.

TEXTE II

1. Il est avantageux (pour soi-même) de faire de grandes et utiles choses. C'est une assurance de prospérité sans regret.

2. Augmenter ses biens par des dons précieux que l'on ne doit pas refuser, c'est assurer une prospérité constante. Si le roi fait des offrandes à Shang-Ti (Dieu), ce sera une cause de bonheur.

3. Si l'on augmente ses biens par ses efforts, en se donnant de la peine, on les gardera fermement. Si l'on est droit, juste, gardant le juste milieu, on obtiendra une haute fonction.

4. Si le ministre agit avec droiture, les avis qu'il donnera au roi seront suivis avantageusement, même dans les cas les plus graves tels que celui du transfert de la capitale. [Ses avis ont pour but l'accroissement de la prospérité. *Com. II.*]

5. Celui qui a le cœur droit, cherchant le bien des autres, aura sûrement un grand succès ; on sera plein d'affection pour sa bonté. [Il arrivera à ses fins. *Com. II.*]

6. S'il en est que personne ne favorise (*yi*) mais qu'on contrarie, qu'on attaque et blâme constamment, c'est que leur cœur n'est pas droit et fidèle. C'est un grand mal.

SYMBOLISME

Vent et tonnerre figurent l'accroissement. Ainsi le sage, s'il voit du bien, le fait grandir ; s'il voit du mal, il le corrige.

Koua 43

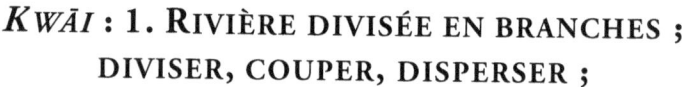

Kwāi : 1. **Rivière divisée en branches ; diviser, couper, disperser ;**

2. Décider, régler définitivement, résolu, tranchant ;

3. Habileté, art, prudence.

TEXTE I

Allant à la cour du prince, on doit y faire appel avec sincérité. En cas de différend, on doit avertir ses concitoyens qu'il n'y a pas avantage à recourir aux moyens violents, aux armes, mais qu'il faut faire décider par le pouvoir judiciaire.

Commentaire I

Kwài est « décider, régler ». Le fort le fait pour le faible. Il faut en cela, fermeté et douceur, résolution et concorde. « Appel sincère » dans une difficulté grave. Le recours aux armes fait périr ce qu'on tient le plus à avoir. Le fort emporte le bon et c'est tout.

TEXTE II

1. Celui qui marche en faisant parade de sa force échouera dans ses entreprises. Il aura à s'en repentir. [Vaincu, il s'en ira plein de regret. *Com. II.*]

2. Celui qui est prudent et appelle à temps à son aide, dans une attaque, n'aura rien à en craindre. Il a pris le bon moyen. *Com. II.*

3. Celui qui met sa force dans ses mâchoires* aura malheur. Le sage est résolu, réglé ; partout, il va seul. S'il lui survient des désagréments qui lui attirent la malveillance, il n'en subira aucun résultat fâcheux. [Le sage est résolu, bien réglé, partant il ne se crée pas de regret. *Com. II.*]

* En ses vantardises. La force, la violence se montre sur son visage. *Com. II.*

4. Si l'on va comme manquant d'appui*, avançant pas à pas et comme conduisant un troupeau de moutons, par le fait même de cette lenteur prudente on n'aura point de cause de regret. On ne se fiera pas à tout ce qu'on entend dire.

* *Litt.* : « Cul sans peau », expression proverbiale. Cf. notre expression : « Aller comme une manne sans fond », pour dire : aller étourdiment.

5. Ferme et résolu, comme un mont couvert d'artemisias, suivant le chemin du milieu, on n'aura point de regret.

6. Si l'on n'a personne que l'on puisse appeler à son secours (bien que ferme et habile), on aura à la fin des revers.

Symbolisme

La ligne faible (coupée) au haut de cinq fortes représente l'appel (du petit) à la cour du prince. — Le ciel sur l'eau stagnante représente la décision ferme. Si le sage, en donnant des émoluments à ses inférieurs, veut rester fidèle à la vertu, il devra être très prudent.

KOUA 44

KEÚ : ÉPOUSER, ACCOUPLER ; UNIR, ATTACHER ; RENCONTRER INOPINÉMENT.

TEXTE I

Si une femme est forte et hardie, il n'est pas bon de l'épouser.

COMMENTAIRE I

On ne pourra rester longtemps avec elle. Le ciel et la terre s'unissent et toutes choses en reçoivent leurs formes. Quand le fort atteint le milieu et la justice, le monde prospère grandement. Grande est l'importance de l'union sexuelle et des êtres ainsi que ses principes.

TEXTE II

1. Être attachée (2ᵉ sens) à une quenouille d'or peut être avantageux, mais dès qu'on fait un mouvement on voit le mal (de l'attache). Ainsi un animal pris dans des liens sera bien embarrassé dans sa marche. (Image de la

condition de la femme ; un lien d'or est toujours un lien.)

2. Une besace contenant du poisson est chose bonne, mais ne nourrit pas les hôtes (si l'on ne prépare pas ce poisson pour eux). *Com. II.* Elle ne va pas aux hôtes. (Ceci se rapporte au rôle de la femme mariée, maîtresse de maison.)

3. Si l'on va pas à pas comme sans peau à l'anus (avec prudence et calme), les difficultés que l'on rencontrera ne causeront pas grand dommage. (Explication de la signification : rencontrer. Ceci est d'ailleurs une interpolation.)

4. Une besace sans poisson est chose funeste. [Elle éloigne les gens. *Com. II.*] Même idée qu'à § 2 ; reproduite pour faire nombre.

5. Si l'on tient ses bonnes qualités protégées et maintenues comme des courges sous un néflier, elles recevront les bénédictions du ciel. [Si l'on garde le milieu et ne néglige pas les lois du ciel. *Com. II.*]

Note. Litt. : le néflier couvre la courge ; protéger les vertus, les talents, c'est un acte qui reçoit les bénédictions du ciel.

6. Avoir la tresse liée est chose fâcheuse. (Il s'agit de la jeune fille ; tant qu'elle a la tresse liée c'est qu'elle n'est pas mariée et en est peu satisfaite.) *Com. II.* Avoir une grandeur qui se perd, se détruit.

Symbolisme

Keú est rencontrer, s'unir ; le faible s'unissant au fort. — Le ciel au-dessus du vent forme le Koua *keú*. Le prince (*K'eu*), en promulguant ses ordonnances, instruit et dirige le monde entier.

KOUA 45

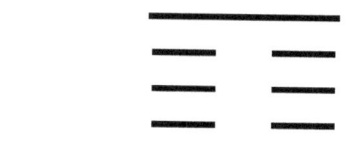

TS'UI : RÉUNION, AGRÉGATION ;

agrégation de peuple prospérant ; état florissant ; touffe de plantes, de tiges entremêlées.

TEXTE I

Le roi qui sert fidèlement le temple des ancêtres, prospérera et se montrera grand ; il consolidera sa puissance. S'il présente des victimes de premier ordre, il sera heureux et réussira en tout.

COMMENTAIRE I

Ts'ui est « agrégation en harmonie » ; docilité joyeuse et force juste correspondant l'une à l'autre. De là, agrégation vivant en concorde. Le roi, servant le temple des ancêtres, y faisant des offrandes avec une piété filiale parfaite, fait voir sa grandeur. L'union ainsi formée sera bonne et juste. En présentant les grandes victimes, il se conforme aux ordres du ciel. En cette union, on peut voir les sentiments du ciel, de la terre et de tous les êtres.

Symbolisme

Eau stagnante au-dessus de la terre. Ainsi le sage prince tient ses armes en ordre pour se garder contre les attaques imprévues.

TEXTE II

1. Si la sincérité ne dure pas jusqu'à la fin, il y aura tantôt union, tantôt désordre, discorde. Si alors on en appelle à l'union, il y en aura qui riront de ces appels. Mais qu'on ne s'en effraie pas ; si l'on continue, on aura lieu de s'en applaudir. [On doit agir ainsi quand les esprits sont en discorde. *Com. II.*]

2. Avoir un guide que l'on suit est chose excellente. Si l'on y est fidèle, on recueillera de grands avantages de sa conduite. [On ne perdra pas le milieu atteint. *Com. II.*]

3. Celui qui soupire après l'union qui ne règne pas, s'il n'y gagne rien, n'en retirera pas de désavantage.

4. L'union est un grand bien, sans suite fâcheuse. (Simple horoscope interpolé.)

5. L'esprit d'union chez les gens en dignité est chose heureuse. Si quelqu'un ne sait pas gagner toute la confiance, qu'il élève sa vertu, la rende ferme et constante et il y parviendra sans manquer.

6. (Si la concorde manque) que l'on supplie, fasse des présents, prie et pleure, et l'on ne regrettera pas ses efforts, on réussira. [C'est quand la paix ne règne pas. *Com. II.*]

KOUA 46

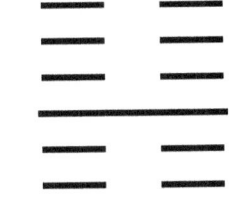

SHĀNG : MONTER, S'ÉLEVER, PROSPÉRER, GRANDIR.

TEXTE I

Quand les commencements heureux grandissent, apparaît l'homme vraiment grand.

COMMENTAIRE I

Le petit en son temps peut s'élever. Le fort condescendant et doux garde le milieu et agit convenablement (envers le petit). De là naît grande prospérité. Ainsi l'homme vraiment grand se manifeste. Il est loué de tous, ses desseins réussissent.

SYMBOLISME

Un arbre croissant au milieu de la terre figure *shàng*, « monter ». Ainsi l'homme supérieur, s'attachant à la vertu, accumule les petits mérites, pour la rendre grande et élevée.

TEXTE II

1. S'élever honnêtement est bien. [L'homme devenant grand est applaudi. *Com. II.*]

2. Quand on est droit et juste, on peut (s'élever jusqu'à) faire le sacrifice du printemps. [On sera heureux. *Com. II.*]

Note. Il fallait être prince pour le faire.

3. *Shang* « monter ». Ex. : Monter en un lieu, dans une ville.

4. Que le roi porte ses offrandes au mont *Khi* c'est un gage de bonheur (un moyen de grandir et de prospérer).

Note. Mont situé au pied de la capitale des souverains de Tchéou.

5. « Monter un escalier heureusement », c'est réussir en un grand projet. Dicton.

6. S'élever de l'obscurité ne se peut faire que si l'on est constamment droit et juste. [Quand on est au sommet, souvent on diminue et perd ses biens. *Com. II.*]

KOUA 47

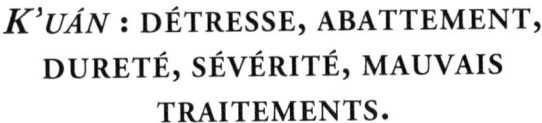

K'UÁN : DÉTRESSE, ABATTEMENT, DURETÉ, SÉVÉRITÉ, MAUVAIS TRAITEMENTS.

TEXTE I

Droit et ferme, le grand homme sera heureux. Qu'il ne se fie pas à tout ce qu'on lui dit. — *K'uán* est le fort saisi, emprisonné, en détresse.

COMMENTAIRE I

K'uán est celui qui est dans la détresse, le danger. Si alors même, il ne perd pas sa grandeur d'âme, c'est vraiment un grand homme. L'homme grand prospère s'il reste fermement vertueux. Mais qu'il ne se fie pas aux dires ; les estimer hautement, c'est s'exposer à sa perte.

Symbolisme

Marais sans eau, cela figure la détresse. — Le sage expose même sa vie pour atteindre son but.

TEXTE II

Exemples de détresse : 1. Un homme pressé contre le pied d'un arbre, poussé dans une caverne obscure, ne pouvant pendant très longtemps (*litt.* : 3 ans) voir personne à qui recourir.

2. Cet homme est dans la détresse quant au boire et au manger. Mais tout à coup apparaît la couverture rouge (du char du roi) (ou le secours), il est délivré, il pourra offrir des dons et sacrifices, il châtiera les méchants sans éprouver de dommage. [La ferme droiture est digne d'éloges. *Com. II.*] L'arrivée du roi ou des gens le sauve.

3. Serré contre un rocher, poignant (pour se soutenir) dans des buissons pleins de grosses épines, ou rentrant dans sa maison et n'y trouvant pas sa femme (enlevée par des brigands). [Cas douloureux, mauvaise fortune. *Com. II.*]

4. (Autre cas). Homme avançant avec précaution, en détresse et quant à l'argent et quant à son char (qu'il a perdu) ; il est en grand danger d'être pris.

5. (*Id.*) Homme auquel on a entaillé le nez et les pieds, maltraité par les gens du peuple (les chemises rouges). [S'il sait encore rester ferme et digne, il pourra utilement offrir le sacrifice.

L'homme au nez entaillé figure celui qui échoue dans ses entreprises. S'il reste ferme dans la justice, il retrouvera le bonheur. *Com. II.*]

6. Un homme en détresse, pris dans des buissons épais, sur une hauteur exposée aux dangers et qui se dit : si je bouge, je le paierai cher. [Quand on éprouve le repentir, on peut corriger le mal et alors on sera heureux. *Com. II.*].

KOUA 48

TSING : PUITS.

TEXTE I

On peut changer de place une ville, mais pas un puits. On ne le perd pas, on ne l'acquiert pas. (Il est ou il n'est pas.) On y va, on en vient. Il est d'une grande utilité. Si l'eau se dessèche, si la corde casse ou manque, que le seau soit brisé, ce sont de fâcheux accidents.

COMMENTAIRE I

Le bois dans l'eau et au-dessus de l'eau figure le puits. Un puits bien ménagé ne s'épuise pas. Quand un de ces accidents arrive, c'est qu'on n'a pas fait ce qu'il fallait.

SYMBOLISME

Eau par-dessus des arbres figure le puits.

Ainsi le sage anime le peuple et l'excite à l'affection mutuelle.

TEXTE II

1. Un puits boueux ne peut servir à l'alimentation ; un vieux puits (desséché) n'attire pas même les oiseaux ; ils ne s'y rassemblent plus, n'y séjournent plus. *Com. II.*

2. Un puits, un vivier, qui par un trou laisse échapper les poissons, ou dont le seau est percé, brisé, laisse couler l'eau, ne peut plus servir. *Com. II.*

3. « Le puits est plein de boue et ne peut plus donner d'eau à boire. Nous en sommes affligés, car auparavant on pouvait en tirer l'eau et s'en servir. Si le prince (qui souffre cela) était intelligent, nous pourrions en retirer de grands avantages. » Prière adressée au prince. *Com. II.*

Note. Il s'agit d'un puits public et d'une époque où il n'y en avait pas beaucoup, où, par conséquent, le puits public était de la plus haute importance pour une cité.

4. Un puits bien construit, citerné, est une chose de haute utilité.

5. Quand le puits est bien clair, on boit à sa source fraîche et pure.

6. Un puits bien rempli d'eau et non recouvert est l'emblème de la sincérité, de la droiture et un symbole de bonheur.

KOUA 49

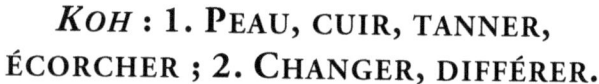

KOH : 1. Peau, cuir, tanner, écorcher ; 2. Changer, différer.

TEXTE I

Quand (on change) et qu'on devient sincèrement droit, on sera après cela constamment sans regret.

Commentaire I

L'eau et le feu, arrêtant mutuellement leur action, figurent *koh*. Il en est de même de deux sœurs habitant ensemble et de volontés différentes, opposées.

Après un certain temps, se montrer sincère, c'est changer, se corriger ; on inspire alors confiance. Par le talent et l'intelligence, on acquiert la satisfaction ; par de grands progrès en vertu, on acquiert la rectitude. Quand on change de cette manière, tous les sujets de regret disparaissent.

Le ciel et la terre changeant, les quatre saisons s'accomplissent. Tang et Wuh-Wang changèrent le décret céleste. Ainsi, ils obéirent au ciel et répondirent au désir des hommes. Grand, en effet, et bien important est le moment des changements.

Note. Tang est le chef de la dynastie Shang, qui enleva le trône au dernier des Hia (Ire dynastie), devenu tyran. Wuh-Wang renversa de même le dernier des Shang et lui enleva le décret céleste qui l'avait fait roi.

SYMBOLISME

L'eau sous le feu figure le changement. L'homme supérieur règle ses calculs (le calendrier) d'après les changements du ciel et annonce les temps et les saisons. — Dans les marais même il y a du feu.

TEXTE II

1. (1er sens). Pour lier on emploie une lanière de cuir jaune. [Ainsi lié, on ne peut se mouvoir. *Com. II.*]

2. Si l'on sait, après quelque temps (le jour fini), changer et se corriger. Tout ira bien ; on s'épargnera tout regret. [On aura du succès dans ses actions. *Com. II.*]

3. Si l'on corrige le mal, qu'on soit ferme dans les difficultés, et qu'on change de conduite avec mûre délibération, on deviendra juste et ferme.

4. Quand on s'est corrigé, que toute faute a disparu, que la droiture ferme est rétablie (dans le cœur), on change son destin ; c'est la voie du bonheur.

5. Le grand homme change à propos comme le tigre change les lignes de sa peau. Sans consulter le sort, on a confiance en lui (dans ses changements d'ordre). [La beauté de la peau du tigre, comme la sagesse de l'homme supérieur, devient de plus en plus brillante. *Com. II.*]

6. Le sage change ses voies (quand il faut) comme le léopard. L'homme vulgaire change son visage [pour plaire aux grands ; *Com. II*, au prince]. Corriger le mal, se tenir ferme dans la droiture, sont choses éminemment utiles.

Note. Le § 1 prend le mot *koh* dans le sens de cuir ; les autres dans l'acception de changement, changement de conduite, correction ; changement d'ordres, de dispositions chez le sage et le grand ; changement des saisons, le plus important de tous, dit un commentaire.

KOUA 50

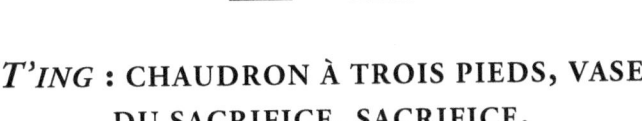

T'ING : **CHAUDRON À TROIS PIEDS, VASE DU SACRIFICE, SACRIFICE.**

TEXTE I

Le chaudron est un symbole de principe heureux ; de développement prospère.

COMMENTAIRE I

Les saints cuisaient leurs offrandes pour honorer Shang-ti et faisaient de grands festins pour entretenir les hommes saints et sages.

La docilité et la finesse d'ouïe, la clarté de la vue chez le faible qui progresse et s'élève, qui garde le milieu, obéit au puissant et s'accorde avec lui, tout cela donne la prospérité et le succès.

TEXTE II

1. Quand le chaudron est retourné, on peut aisément en faire tomber ce qui est mauvais [et s'attacher au bien. *Com. II.*] Une concubine qui a un fils n'aura point de regret d'avoir été prise comme telle.

Note. Nous avons ici deux proverbes signifiant que « le bien peut venir du mal ». Le fils de la concubine peut devenir héritier et, en tout cas, assure une position honorable à sa mère.

2. Chaudron plein de fruits. — Mon chaudron est plein, mais mon commensal ne peut venir à moi. — Symboles des peines perdues ou d'un cœur vertueux.

3. Si les oreilles du chaudron sont enlevées, son usage est empêché. On ne peut ni le lever, ni l'emporter. (*Com.*) — La chair grasse du faisan (qui y cuisait) ne pourra être mangée. Mais une heureuse circonstance survenant dissipera les soucis. (Symbole de malheurs réparés.)

4. Si le chaudron a le pied brisé, les aliments préparés pour le prince sont renversés ; tout l'extérieur en est souillé. (Symbole du manque de fidélité.)

5. Un chaudron aux oreilles, aux anneaux d'or, représente la prospérité venant de la fidélité.

6. Un chaudron aux anneaux de jade représente une grande prospérité, pour qui tout est avantage. Elle arrive quand le fort et le faible observent la mesure.

Symbolisme

Le feu entrant dans le bois figure « cuire ». Le sage garde sa dignité et maintient son destin céleste.

KOUA 51

KÁN : TONNERRE, EFFROI RÉPANDU, CRAINTE.

TEXTE I

Le tonnerre approchant répand l'effroi ; les rires, les causeries s'arrêtent subitement. Le tonnerre terrifie cent lis, mais ne doit pas arrêter la cuiller du sacrifice aux esprits.

COMMENTAIRE I

Cet effroi a d'heureux résultats. Les rires et les causeries gardent ainsi la mesure. Le tonnerre terrifie ce qui est loin comme ce qui est près. Mais on doit, quand même, garder le temple des ancêtres, les autels des génies du sol et présider aux sacrifices. (Malgré l'effroi, on ne peut les interrompre.)

TEXTE II

1. Le tonnerre approchant, on est plein d'effroi ; puis, quand il est passé, on sourit et on parle tous ensemble (on passe de la crainte à la joie).

2. Quand le tonnerre gronde, le danger arrive, on croit devoir tout abandonner et se retirer en un lieu sûr et élevé. Qu'on ne s'obstine pas à rechercher alors ce qu'on a abandonné ; on le retrouvera quelque temps après. (Quand le danger sera passé.)

3. Le tonnerre émeut, agite ; il pousse à agir justement.

4. Le tonnerre approchant trouble et interdit [avant même l'éclair. *Com. II*].

5. Le tonnerre allant et venant répand l'effroi ; mais on doit tâcher de ne pas abandonner les affaires entreprises. Même dans le danger pressant, on doit garder le milieu.

6. Le tonnerre répand l'effroi et fait partout regarder avec trouble et crainte. S'il atteint et frappe, il causera un grand mal. (Ou : il corrige le mal.) Mais s'il ne frappe ni tel personnage, ni ses voisins, ce ne sera point un mal et fera seulement jaser les habitants d'une même maison.

Quand le tonnerre gronde, que l'orage éclate, le sage recherche la cause de ce fait (et tâche de profiter de l'avertissement céleste).

TRADUCTION CH. DE HARLEZ

SYMBOLISME

Le tonnerre répété forme l'hexagramme. Le sage, plein de crainte et de scrupules prudents, observe et corrige.

KOUA 52

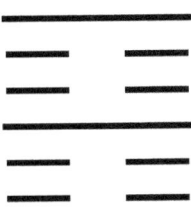

KÁN : FERME, TENIR DROIT, BIEN RÉGLÉ, ARRÊTER, REPOSER.

TEXTE I

L'homme ferme s'oppose résolument (au mal) sans tenir compte de lui-même. Devant traverser un endroit, il ne regarde pas qui s'y trouve (mais le fait résolument) et ne faillit point.

COMMENTAIRE

Kán signifie s'arrêter, tenir ferme, en bon ordre, agir ou s'arrêter selon l'occasion. Quand l'acte et sa cessation ont lieu en temps convenable, la conduite est belle et intelligente. « Rester à sa place », cela veut dire que les grands et les petits sont en rapport, mais sans usurpation ni entre-croisement. Celui qui est ferme et attentif à son devoir ne se recherche pas lui-même. Marchant dans son jardin, il ne voit pas même qui s'y trouve.

SYMBOLISME

Deux montagnes superposées forment le Koua. Ainsi l'homme supérieur pense à ne pas dépasser les bornes de ses fonctions.

TEXTE II

1. (On doit) tenir fermes ses pieds ; i. e. être toujours d'une ferme droiture. [Ne jamais perdre sa droiture. *Com. II.*]

2. « Arrêter le mouvement des jambes ». (Ou les tenir droites et bien posées.) Si, devant s'arrêter, on ne peut aider celui qui marche devant soi, on doit en avoir du déplaisir. [On doit aider et se rendre au cri d'appel. *Com. II.*]

3. Se tenir ferme à sa place et le corps (*litt.* : les côtes) bien tenu, (c'est ainsi que l'on doit être).

4. Tenir le corps droit et ferme, c'est une bonne manière. [On doit tenir le corps entier tout droit. *Com. II.*] (Répétition du § 3 pour en avoir six. Tenir le corps droit est un principe essentiel des rites chinois.)

5. Tenir ses mâchoires de sorte que les paroles sortent de la bouche avec ordre et mesure, cela exempte de repentir. [On sait ainsi conserver le milieu. *Com. II.*]

6. Être tout appliqué à rester ferme dans le bien est une disposition très heureuse. [On peut ainsi être juste et droit jusqu'à la fin. *Com. II.*]

Note. Tout ceci illustre le sens « tenir droit, bien réglé » et se réfère aux rites du maintien extérieur qui prescrivent de se tenir toujours droit et de ne pas même s'asseoir sur un siège qui n'est pas droit.

KOUA 53

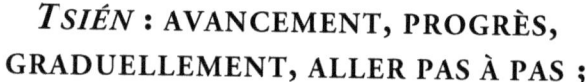

TSIÉN : AVANCEMENT, PROGRÈS, GRADUELLEMENT, ALLER PAS À PAS ;

se marier, retourner chez ses parents pour les visiter (dit d'une femme).

TEXTE I

Se marier, pour une femme, est chose heureuse.

COMMENTAIRE I

« Avancer » est aussi obtenir une dignité, acquérir des mérites. Si l'on agit avec justice et droiture, on pourra gouverner parfaitement son État et y faire régner la justice. — La dignité du grand exige qu'il garde le milieu. — Si l'on se tient ferme en sa vertu et se montre doux, docile, on n'épuisera pas ses forces et son action. (Moyen de conserver son avancement, sa grandeur.)

SYMBOLISME

Bois sur une montagne figure s'élever (avancer), se tenir droit. Le sage se maintient en sainteté et améliore les mœurs du peuple.

TEXTE II

1. Les oies sauvages vont pas à pas s'approchant de la rive. — Un jeune homme circonspect n'aura point à se repentir, quoi qu'on dise.

2. Ces oies vont pas à pas vers des rochers où elles auront à manger et à boire ; joyeuses et contentes (de leur prudence persévérante), elles y sont tout à l'aise [et n'y ont pas une satisfaction vaine. *Com. II*].

3. Ces oies vont pas à pas vers un monticule sur la terre sèche (elles n'y trouvent rien). Ainsi un époux part pour une expédition dont il ne revient pas. [Il quitte pour toujours sa compagne. *Com. II.*] Ainsi une épouse a conçu un enfant qu'elle ne pourra élever (faute de soutien de son époux). Il faut arrêter les brigands, causes de ses malheurs. [On doit se protéger l'un l'autre. *Com. II.*]

4. Les oies avancent pas à pas vers un arbre. Qui gagnera les grosses branches y sera bien, pourra s'y reposer.

5. Elles s'avancent vers une hauteur qu'elles atteindront difficilement et tardivement. [Ainsi une épouse est trois ans sans enfant, mais à la fin plus d'empêchement ; elle obtient l'objet de ses désirs. *Com. II.*] (Il faut être patient

et ne point désespérer ; patience et longueur de temps font plus que force.)

6. Elles avancent pas à pas vers une hauteur ; quand elles y seront, elles pourront donner à leurs ailes toute leur beauté en les déployant. [Plus rien ne trouble quand on a atteint son but. *Com. II.*] (Patience et succès.)

KOUA 54

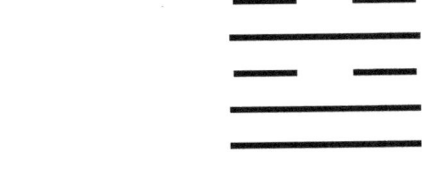

KVÊI-MEI : MARIER UNE JEUNE SŒUR, UNE JEUNE FILLE.

TEXTE I

On doit corriger le mal ou l'on n'aura aucun avantage. (Phrase mutilée. Voir II, § I.)

COMMENTAIRE I

Marier une jeune sœur est un devoir suprême prescrit par le ciel et la terre (à ses frères). Quand le ciel et la terre sont sans relation, les êtres ne naissent pas. Marier une jeune fille est le principe et la fin de l'homme ; c'est un acte qui cause la joie.

TEXTE II

1. Marier une sœur cadette en la donnant comme femme secondaire (c'est la mettre dans la position d'un boiteux qui marche encore, mais mal). Ainsi cette jeune fille est épouse, mais dans une condition inférieure.

Corriger cet abus sera chose excellente. [Cela se fait constamment. *Com.*]

2. Elle est comme un borgne qui voit encore, mais mal (qui ne voit d'un œil). [Il lui sera avantageux de vivre retirée et ferme en sa vertu, de ne point faillir aux règles du devoir. *Com. II.*]

3. La jeune fille mariée par devoir de soumission est souvent donnée comme femme secondaire. [Cette soumission n'est pas bonne. *Com. II.*]

4. La jeune fille à marier cherche à retarder le moment. [Modeste, elle n'a pas hâte de suivre un homme. *Com. II.*] Mais bien qu'elle retarde son mariage, le moment viendra malgré tout. [Malgré tout, cela se fera. *Com. II.*]

5. Quand l'empereur Ti-Y maria sa sœur, les manches (le vêtement) de la mariée étaient moins richement ornées que celles de sa plus jeune sœur.

Note. Voir Koua II, texte II, § 5. La mariée avait perdu sa qualité de princesse royale.

Elle était comme la lune presque pleine (quant à sa vertu) de modestie, de soumission. C'était de très heureux augure. Telle fut sa noble conduite. [Ainsi elle maintint sa dignité dans la droiture. *Com. II.*]

6. Qu'une femme reçoive une corbeille vide de fruits (entièrement vide, *Com.*), ou qu'un homme acquière une brebis qui n'a plus de sang, ils n'en retirent pas d'avantage.

Symbolisme

Le tonnerre au-dessus d'un marais forme le Koua. L'homme supérieur, pour s'assurer une fin heureuse, pense au malheur.

KOUA 55

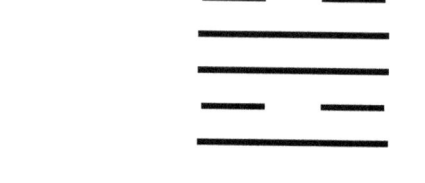

FÂNG : 1. ABONDANCE, RICHESSE, GRAND NOMBRE D'AMIS ;

2. Avoir en abondance, multiplier ; 3. Grandeur, élévation.

TEXTE I

Le prince qui possède la grandeur, l'abondance, doit être sans désir inquiet ; il est comme le soleil à midi.

COMMENTAIRE I

Fâng est grandeur, prospérité. L'activité intelligente est cause de la grandeur et de la prospérité. Le prince qui l'a obtenue est grand et brillant ; il doit répandre son éclat sur le monde, l'éclairer. La lune devient pleine, puis diminue. Le ciel et la terre sont alternativement pleins et vides, croissent et diminuent avec les saisons. A plus forte raison en est-il de l'homme et des esprits.

TEXTE II

1. Dans la rencontre des amis, l'égalité de rang est une source de satisfaction. Aller en compagnie est chose excellente. [Si l'on veut surpasser ses égaux, on s'attirera le malheur.]

2. En multipliant (*fâng*, 2ᵉ sens) les pavillons, les tentures (autour de sa tente), on produit une obscurité telle qu'on peut voir la constellation du Sagittaire en plein jour. Si par là on s'est attiré les soupçons, la malveillance, que l'on fasse paraître sa droiture par sa sincérité et l'on s'en trouvera bien. Qu'on énonce ses pensées, ses fins d'une manière qui attire la confiance.

3. En multipliant ses tentures, on peut (grâce à l'obscurité) voir l'étoile Mei (au Sagittaire) en plein jour, mais alors on se cassera le bras droit (il arrivera malheur).

4. On peut ainsi voir, en plein jour, la constellation du Sagittaire ; ce sera une occurrence heureuse si on trouve alors un ami.

5. Promouvoir (les talents, les mérites ou les arts, les créations belles et précieuses) est un sujet de joie et de louange.

6. Élever haut sa maison (*Com.* : s'élever orgueilleusement vers le ciel), l'entourer d'abris protecteurs, puis se tenir à la porte, tranquille, silencieux et solitaire, rester ainsi longtemps (trois ans) sans recevoir personne, sans parler à personne, ce n'est pas bien. (On sera isolé, abandonné et sans secours au temps du danger.) — Ces actes prouvent l'orgueil qui veut s'élever au ciel et la volonté de s'isoler des autres

hommes, de manquer aux lois de la bonté, de la concorde, etc.

COMMENTAIRE I

Fâng signifie grandeur, prospérité. Le mouvement, l'acte, dirigés par l'intelligence, le constituent. Le prince qui l'atteint, qui devient grand et illustre, doit être sans désir anxieux ; il saura briller sur le monde.

Le soleil, lorsqu'il a atteint le milieu du ciel, décline ; la lune devenue pleine, diminue (*litt.* : est mangée). Le ciel et la terre sont tantôt pleins, abondants, tantôt vides, selon les saisons ; ils diminuent et cessent d'agir (après avoir grandi et agi puissamment au printemps et en été). — A plus forte raison, il en est ainsi de l'homme, il en est ainsi des esprits.

SYMBOLISME

Tonnerre et éclair forment le Koua *fâng*. Le grand et sage tranche les discussions, décide des cas litigieux et fait exécuter les châtiments.

KOUA 56

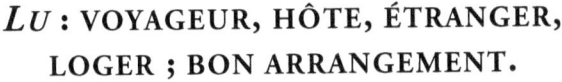

LU : VOYAGEUR, HÔTE, ÉTRANGER, LOGER ; BON ARRANGEMENT.

TEXTE I

L'étranger ambulant prospère difficilement. S'il est juste et droit, il aura une heureuse fortune.

TEXTE II

1. Les étrangers ambulants, petits et faibles, sont exposés à bien des maux. [Quand le but est bas, les calamités s'ensuivent. *Com. II.*]

2. L'étranger qui s'est établi quelque part doit y déposer tous ses biens et se procurer des serviteurs jeunes et habiles ; il lui arrivera bonheur.

3. Il arrive que cet étranger brûle sa maison, perde ses bons et intelligents serviteurs, sa prospérité est bien en péril. [Il brûle sa maison en se ruinant ; en fréquentant

les gens vulgaires, il perd son habileté, sa rectitude. *Com. II.*]

4. Il peut s'être établi quelque part, y avoir ses biens et sa hache, mais son cœur n'est point encore à l'aise et en sûreté. (Il n'a point une situation assurée, il doit veiller.)

5. Il tire un faisan et sa flèche s'échappe une fois (manque le but) ; à la fin, par les louanges qu'il sait mériter, il reçoit accueil et fonction du prince.

6. L'oiseau détruit son nid ; l'étranger ambulant rit d'abord, puis pousse de hauts cris, parce qu'il perd son bœuf ; ainsi, trop aisément, un changement amène un mal.

COMMENTAIRE I

Si le faible acquiert, maintient sa droiture chez les étrangers et reste soumis au fort, il sera stable et attaché à la claire vérité. Ainsi l'étranger nomade, faible au commencement, prospérera et s'affermira s'il est droit et juste.

SYMBOLISME

Le feu au-dessus d'une montagne. Ainsi le grand et sage fait briller sa droiture en appliquant les lois pénales et ne laisse pas durer les différends et les procès.

KOUA 57

SÚN : DOUX, CONDESCENDANT ;
CHOISIR ; TENIR FERMEMENT.

TEXTE I

Avec un faible développement même, par la douceur, la condescendance, on pourra réussir dans ses entreprises et se montrer véritablement grand.

COMMENTAIRE I

On doit redoubler de bonté quand on réitère ses ordres. Si la fermeté et la bonté restent dans le juste milieu, ce qu'on projette se fera. Le faible doit céder au fort ; ainsi commence le progrès, ainsi l'on réussit et se montre grand.

TEXTE II

1. Pour avancer et reculer (à propos, pour agir avec fermeté ou condescendance), il faut aussi la ferme droiture d'un homme d'armes (et pas seulement la

douceur). [Dans la perplexité, cette fermeté fera régler sa volonté avec prudence. *Com. II.*]

2. Quand la longanimité a été poussée trop loin (*litt.* : quand elle est en dessous du lit. *Com.* : *Kvoh yu sun*. Quand la supériorité s'épuise. *Com. II*. C'est-à-dire quand on s'abaisse trop), il sera bien de consulter les devins quant à l'objet de la perplexité, et l'on ne commettra pas de faute. [Ceci résultera de ce qu'on gardera le juste milieu. *Com. II.*]

3. Une condescendance trop hâtive peut causer des regrets [la force de la volonté s'émousse. *Com.* II] ou : une douceur constante sans rigueur.

4. Quand on est sans crainte ni regret, on va à la chasse prendre du gibier pour le triple usage réglé. [i. e. offrandes de sacrifice, nourriture des hôtes, entretien de la cuisine. *Com.*]. [On acquiert ainsi des mérites. *Com. II.*] Ceci se rapporte à *sún*, mets (nourriture).

5. Pour que la fortune soit heureuse, tout regret dissipé, que rien ne soit sans avantage et qu'un commencement malheureux ait une fin excellente, il faut, en tout changement, réfléchir trois jours avant et trois jours après. Alors tout ira bien. (Ainsi faut-il délibérer sur les actes de condescendance et de fermeté.)

6. Quand la condescendance, la bonté vont trop loin, on perd ses biens et ses moyens de défense (sa hache) et la prospérité tourne en désastre. [La droiture en méchanceté. *Com. II.*]

Symbolisme

Deux fois le vent forme le Koua *sûn*. Ainsi le grand et sage sait réitérer ses ordres pour mener à bonne fin ses affaires.

KOUA 58

TÚI : SATISFACTION, RÉJOUIR (LES AUTRES).

TEXTE I

Cela conduit à toute prospérité.

Túi est joie. Quand on donne la joie au monde, on obéit au ciel, on seconde les désirs des hommes. Quand on cherche avant tout à faire le bonheur du peuple, le peuple oublie ses maux ; excité par là à entreprendre les choses difficiles, il oublie jusqu'aux dangers de mort. Par cette satisfaction, le peuple est fortement animé (à remplir son devoir).

TEXTE II

1. Établir la concorde, satisfaire tout le monde, est une source de prospérité. Cela étouffe les défiances et les velléités de résistance. *Com. II.*

2. La sincérité, la droiture, satisfait tout le monde et prévient les regrets [en établissant la confiance dans les intentions. *Com. II*].

3. Une satisfaction briguée, forcée, est chose mauvaise. [Le mal consiste en ce que la confiance est donnée à un indigne. *Com. II.*]

4. Se préoccuper de satisfaire de manière à perdre le calme, est proche de la peine [quand on peut avoir la joie, la paix intérieure. *Com. II*]. Chercher à rendre la joie à qui n'a pas la paix du cœur, c'est aider un malade à recouvrer la santé.

5. Se confier en ce qui est nuisible est chose bien dangereuse.

6. Faire arriver à un état de satisfaction, de joie (c'est le sens du mot en question), est le but de cette section.

SYMBOLISME

Eau stagnante sur eau stagnante forme la figure. Le grand et sage favorise l'amitié et encourage la pratique de la vertu.

KOUA 59

HWÁN : EXTENSION, EXPOSITION, DÉVELOPPEMENT,

abondance débordante ; dispersion, dissipation.

TEXTE I

« Abondance débordante ». Le prince qui fréquente le temple de ses ancêtres traversera heureusement les difficultés ; il parviendra à une prospérité ferme.

COMMENTAIRE I

La puissance lui viendra sans diminuer. — Fréquentant le temple des ancêtres, il observera le milieu fixe. — Les hommes condescendants et bons auront leurs places convenables au dehors et le grand fera régner l'harmonie. (On les donnera convenablement.)

TEXTE II

1. On doit remédier à cette dispersion, *Com.*], en délivrer un État. Si l'on use de toute force (*litt.* : d'une force de cheval) pour cela, on réussira [à rétablir l'ordre et l'obéissance. *Com. II*]. — Explication du second sens. — On doit surtout user de sages enseignements et exhortations.

2. Si, dans cet état dangereux, on se retire précipitamment dans l'obscurité, on n'aura pas à s'en repentir [on arrivera au but de son désir, le rétablissement de l'ordre et l'union. *Com. II*] ou : dans l'état de discorde, il faut se retirer dans l'obscurité.

3. Si l'on fait alors abstraction de soi-même [et s'occupe du dehors, *Com. II*] on ne le regrettera pas.

4. Disperser la multitude, les associations, disperser heureusement ce qui est uni et coalisé comme un monticule, c'est ce qu'un homme vulgaire ne saurait même projeter.

Note. Le sens paraît être diviser, empêcher les coalitions mauvaises pour réunir dans l'ordre et l'unité politique et sociale. Ou bien : disperser les petits et réunir les grands pour le gouvernement. (*Com.*)

5. Répandre (*hwán*) la sueur avec des cris (de crainte et souffrance) ; répandre, distribuer (les biens accumulés dans) les magasins royaux, et cela sans regret, pour remédier aux maux des troubles et de la misère qui en est la conséquence.

Note. Ces deux phrases peuvent être indépendantes et exprimer simplement des emplois divers du mot *hwán* ;

ou bien on peut construire ainsi : Quand la peine et la crainte pénètrent le peuple au point de lui faire pousser des cris comme s'il transpirait fortement, il faut alors l'aider au moyen des provisions accumulées dans les magasins publics.

6. Répandre (*hwân*) son sang pour repousser des envahisseurs et se mettre en avant pour cela, sans regret. (C'est ce qu'il faut faire.) [Répandre son sang pour éloigner les malheurs. *Com. II.*]

SYMBOLISME

Le vent soufflant au-dessus de l'eau forme le Koua de *hwân*, disperser. Les anciens rois faisaient le sacrifice à Shang-Ti et élevaient des temples ancestraux.

KOUA 60

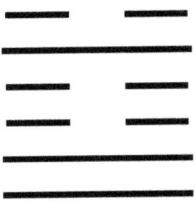

TSIEH : RÈGLE, LOI, MESURE.

TEXTE I

Les lois dures ne peuvent donner la prospérité.

COMMENTAIRE I

Les lois trop sévères, dures, ne peuvent se consolider et subsister. La fermeté et la bonté doivent se partager également.

La sévérité doit tenir le juste milieu, ou sa force dépérit. La satisfaction fait affronter les périls. On doit administrer selon les règles et procéder avec modération et justice. Le ciel et la terre suivant leurs lois, les quatre saisons parfont leur cours. Si l'on observe en tout la mesure, on ne perdra pas les ressources publiques, on ne nuira pas au peuple.

TEXTE II

1. Tel ne sort pas de la porte extérieure de son habitation et n'en a point de regret.

(Dès qu'il voit tout ce qui se passe chez lui, il peut tout y bien gouverner.) Quand on sait qu'il y a lieu de ne pas sortir ou bien empêchement. *Com. II*.

2. Mais s'il ne passe pas la porte intérieure de la maison (celle du quartier intérieur, du quartier des femmes), il éprouvera les mauvais effets de cette conduite. (Ne voyant que partiellement ce qui se passe chez lui, il pourra lui arriver des désagréments.)

[Il manquera le point de temps extrême pour faire le nécessaire selon les circonstances. *Com. II*.]

3. Qui n'observe pas les lois s'en repentira suffisamment par la suite et se lamentera sans que personne ait besoin de le blâmer. (Ou bien : s'en repentira si amèrement que personne n'aura le courage de le blâmer.)

4. Les lois observées pacifiquement donnent la prospérité [et perpétuent le règne de la justice. *Com. II*.]

5. Appliquer doucement les lois est une condition de prospérité. En procédant ainsi, on se rendra illustre ; [car on remplit alors ses fonctions parfaitement. *Com. II*.]

6. Les lois dures ont des conséquences très fâcheuses pour la prospérité. Le repentir (causé par leur violation) s'effacera. [Leur force et valeur s'épuiseront. *Com. II*.]

(Quand le peuple sent que les lois sont cruelles, il les viole sans scrupule ni repentir.)

Symbolisme

L'eau au-dessus d'un marais forme le Koua de *tsieh*, règle, mesure. Le grand et sage règle tout avec modération et apprécie les actes de vertu.

KOUA 61

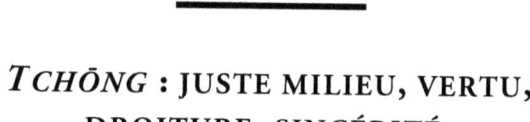

TCHŌNG : JUSTE MILIEU, VERTU, DROITURE, SINCÉRITÉ,

absence d'égoïsme, fidélité digne de confiance (*fou*).

TEXTE I

La droite sincérité inspire confiance et émeut jusqu'aux porcs et aux poissons, c'est une source de bonheur ; elle fera traverser les difficultés et mènera à une prospérité assurée.

TEXTE II

1. Une circonspection ferme est heureuse ; une conduite différente n'amènera pas de sujet de joie. [Si ces dispositions changent. *Com. II.*] Il faut une paix intérieure vigilante, autrement pas de joie.

2. La grue appelle du lieu de sa retraite et ses petits lui répondent dans un même sentiment (de même le sentiment de concorde fait dire :) j'ai une coupe

d'excellent vin, je veux la vider avec vous [d'un désir qui a sa racine au centre du cœur. *Com.* II]. Cela représente la concorde, deux oiseaux se répondant, deux hommes également.

3. Si l'on reçoit un rival (un égal), tantôt on est excité (on bat le tambour), tantôt on est comme abattu ; tantôt on pleure, tantôt on rit (selon que l'on a à craindre ou non, qu'on triomphe ou non, et, en ce cas, le juste milieu ne peut plus être observé). On ne garde plus une attitude convenable à sa position. *Com. II.* Ayant perdu le *tchōng*, on n'est plus maître de soi ni de ses mouvements.

4. La lune qui approche de sa plénitude (est au *tchōng*). Un cheval qui quitte ses compagnons (pour être employé à de plus nobles usages) n'a point de regret (et observe ainsi le milieu).

Note. Image de qui, avançant en dignité, s'approche davantage du prince, et de celui qui rompt avec ses égaux pour monter en rang et dignité. La figure du cheval est fréquemment employée. La monnaie du cheval signifie les honoraires du médecin. Le cheval conducteur est le précepteur du prince.

5. Un attachement sincère et fidèle est sans repentir.

6. Si le faisan rouge voulait s'élever dans le ciel, l'issue de cette tentative serait funeste. — Comment pourrait-il réussir ? *Com. II.* (Image de l'ambition excessive qui ne peut qu'échouer.)

Commentaire I

Juste milieu et sincérité. Douceur à l'intérieur, fermeté gardant le juste milieu ; satisfaisant tout le monde, condescendant, fidèle et droit, on améliorera le pays ; la confiance s'étendra jusqu'aux porcs et aux poissons, on traversera les difficultés comme un fleuve que l'on passe monté sur un vaste vaisseau de bois.

Le milieu ferme donne l'avancement et l'achèvement, et fait correspondre aux vues du ciel.

Commentaire II

Le vent au-dessus d'un marais forme le Koua *tchōng fu*. Le sage, en examinant soigneusement les causes judiciaires, restreint les peines capitales.

KOUA 62

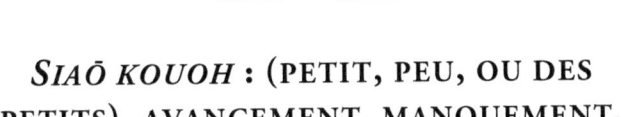

SIAŌ KOUOH : (PETIT, PEU, OU DES PETITS), AVANCEMENT, MANQUEMENT,

défaut, avancer, dépasser, passer à côté, transgresser.

TEXTE I

Petit avancement. En toute la série de ses actes, le petit peut faire de petites choses, mais point de grandes. C'est comme le bruit fait par le passage d'un oiseau, il ne peut pas grandir, mais seulement diminuer, baisser (Ier sens).

COMMENTAIRE I

Si en avançant le petit agit selon les circonstances et qu'il garde le juste milieu, les petites affaires qu'il fera réussiront. Le fort qui perd sa dignité et ne garde pas le milieu ne peut plus, par cela même, rien faire de grand. Il est représenté ici sous la figure de l'oiseau volant ; le bruit de son vol ne peut s'élever, mais uniquement diminuer. — Le grand résiste, le petit cède.

Symbolisme

Cet hexagramme représente le tonnerre au-dessus d'une montagne. *Kouoh* est manquement. — Le sage, dans ses actions ordinaires, manque par respect insuffisant. — En cas de deuil, on manque quant aux vêtements ; dans les dépenses journalières, on manque par rapport à l'économie.

TEXTE II

1. L'oiseau qui vole trop haut aura malheur.

2. Si l'on veut laisser de côté et dépasser son grand-père, on rencontrera sa grand-mère ; qui veut éviter le prince (ne point aller à lui) rencontrera son ministre. [Celui-là ne peut être laissé de côté. *Com. II.*]

3. Que l'on ne manque pas de précautions nécessaires pour se garder, ou il se trouvera quelqu'un pour vous attaquer et nuire.

4. Sans avoir commis de faute ni excédé, manqué en rien, il peut survenir des dangers, des rencontres à craindre ; que l'on soit toujours en garde, car autrement on ne peut avoir une prospérité toujours constante. [A la fin, elle ne pourra durer. *Com. II.*]

5. Malgré d'épais nuages, il ne pleut pas dans nos contrées de l'ouest (manque d'eau, sécheresse). [Situation trop élevée. *Com. II.*] Le prince tire et atteint les animaux dans leur caverne. (Manque d'habileté : ce prince ne tire qu'au gîte.) Cela indique les hommes incapables de grandes choses.

6. Ne rencontrer personne qui nous dépasse, comme l'oiseau volant qui laisse tout en dessous, cela peut s'appeler un mal, une chose funeste. [On devient orgueilleux, opiniâtre. *Com. II.*]

KOUA 63

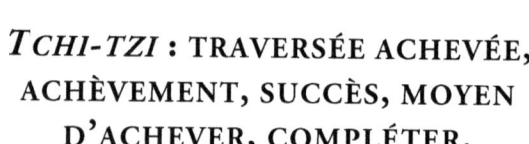

***TCHI-TZI* : TRAVERSÉE ACHEVÉE, ACHÈVEMENT, SUCCÈS, MOYEN D'ACHEVER, COMPLÉTER.**

TEXTE I

Traversée accomplie ; premier succès ; mais le succès suivant peut être faible car, après un commencement heureux, il peut survenir trouble et danger.

TEXTE II

1. Traversée achevée comme celle de quelqu'un qui, ayant fini son voyage, reprend les roues de son char, ou d'un renard qui, tout en traversant une rivière, a mouillé sa queue complètement.

2. Voyage fini (interrompu), comme d'une femme qui, ayant perdu le voile de son char (*Keū tchi pi*, tenture qui entourait le char et cachait la personne qui le montait. Sans ce voile, une femme vertueuse ne pouvait voyager.

Son voyage était donc fini jusqu'à ce qu'elle le retrouve et elle ne pouvait aller à découvert pour le chercher) ne peut le chercher, mais le retrouve seulement après quelques (sept) jours. [Elle agit ainsi parce qu'elle suit la voie de la sagesse. *Com. II.*]

3. Expédition achevée. — Kao-tsong (empereur de la dynastie Shang ; régnait vers 1300 et resta cinquante-neuf ans sur le trône. Les démons dont il s'agit sont les aborigènes insoumis et déprédateurs) attaqua la région des démons et, en trois ans, acheva son triomphe. Un prince vulgaire n'eût pu le faire. [Il eut beaucoup de peine. *Com. II.*]

4. Lorsque les bords, les franges d'un habit se mouillent, il faut être sur ses gardes jusqu'au bout de la traversée (ou bien : lorsqu'en bateau on est obligé d'employer les bords de ses habits pour boucher les trous, etc.). [Il y a lieu de craindre alors. *Com. II.*]

5. Tel voisin de gauche (Est) sacrifie un bœuf, mais il n'atteint pas le mérite de son voisin de droite (Ouest), qui fait un sacrifice très inférieur. — C'est la droiture d'intention (et non l'œuvre matérielle) qui fait obtenir le bonheur, condition de la réussite, d'un achèvement heureux. [Ainsi arrive grand bonheur. *Com. II.*]

6. Celui qui, en traversant (un fleuve), se mouille la tête, est en danger. (Si la tête même entre dans l'eau.) [Cette situation est dangereuse, on ne peut en prévoir l'issue. *Com. II.*]

Commentaire I

Tchi-tzi = traversée accomplie, réussite, progrès. Les petites affaires réussissent aisément. On réussit facilement quand petits et grands, forts et faibles, sont droits et justes et chacun en sa place et son rang. Un bon commencement peut avoir des suites funestes quand la sagesse des personnes s'épuise.

Symbolisme

L'eau par-dessus le feu forme le Koua. Le sage, par sa prévoyance et sa crainte prudente, se garde contre les dangers et reste en paix.

KOUA 64

WEI-TZI : TRAVERSÉE NON ACHEVÉE,
ŒUVRE NON ACHEVÉE,

succès interrompu, compromis ; chose non achevée, non menée à bonne fin.

TEXTE I

Succès compromis, œuvre non achevée ; c'est comme un jeune renard mis en péril en traversant un fleuve. Son derrière s'enfonce dans l'eau par le poids de sa queue ; il ne réussit pas (à échapper à ce péril). [L'heureux commencement ne continue pas. *Com. I.*]

SYMBOLISME

L'eau par-dessous le feu forme le Koua. Le sage use de la plus grande circonspection et attention pour distinguer les hommes et les choses et la position qu'ils doivent occuper.

TEXTE II

1. La queue s'enfonçant dans l'eau constitue un danger. [On ne sait pas comment cela finira. *Com. II.*] Suite de l'imprudence et de la présomption.

2. Enlever sa roue (de son char) après le voyage, cela veut dire, avoir achevé, réussi.

3. Quand tout n'est pas encore en ordre (2e sens), on doit corriger les défauts (des hommes et des choses) et alors on triomphera des difficultés (moyen d'achever la traversée, l'œuvre). Il y a vice quand chacun n'est pas en son rang et en sa place. *Com. II.*

4. Une fin heureuse, ne laissant aucun regret (telle est celle de Kao-tsong) ; se levant, il attaqua et vainquit le pays des démons, en trois ans. Il eut sa récompense dans son immense puissance et domaine. [La conclusion est heureuse quand le but est atteint, la volonté satisfaite. *Com. II.*]

5. L'achèvement est heureux et sans regret quand l'éclat du sage est pur et solide. [Il réussit quand son vif éclat se répand au loin. *Com. II.*]

6. Celui qui, sans aucun souci, se plonge la tête dans le vin et les spiritueux, perdra la droiture et la bonne fortune. Il méconnaît la modération. *Com. II.*

Le Yi King

www.ingramcontent.com/pod-product-compliance
Lightning Source LLC
Chambersburg PA
CBHW051044160426
43193CB00010B/1065